おしゃべり
しながら

書くことを楽しむ

中級作文

杉浦千里
SUGIURA Chisato

木戸光子
KIDO Mitsuko

[著]

にほんごの凡人社

もくじ

はじめに ——作文を勉強するみなさんへ——

あなたは作文が好きですか。他の人にも聞いてみてください。……どうでしたか。

「何をどうやって書いたらいいかわからない」「題がつまらない」「考えるのが苦手」……、だから作文は嫌いだと思っている人もいるでしょう。このテキストはそんな人のために作りました。

楽しくおしゃべりしながらアイディアを考え、作文のルールを学んで正しく書き、それをお互いに読んで話し合い、もっといい言葉、ぴったりの表現に変えて書き直します。これを何回も繰り返すと、だんだん作文を書くことが好きになるかもしれません。

もちろん作文が好きな人は、今よりもっと上手に、どんどん書けるようになるでしょう。

さあ、どうぞ、やってみてください。

1 目標

- よく知っていることについて、400字ぐらいのまとまりのある作文が書ける。
- 読み手に伝わる（読んでよかったと思える）文章が書ける。
- 適切な「書き言葉」と「文体」で書ける。
- 正しい日本語作文のルールを守って書ける。
- 語彙・表現・文法・文型を学ぶ。

2 対象者

初級レベルの学習が終わった人。中級レベルで書くのが苦手な人。

3 各課の流れ

4つの活動があります。

活動1	アイディアさがし	ペアやグループで楽しく話しながらたくさんアイディアを出します。アウトラインを使って、そのアイディアをわかりやすく話します。
活動2	作文ルール	アイディアをわかりやすく書くためのルールを学び、練習します。
活動3	作文を書く	アイディアとルールを使って、さあ、書きましょう。
活動4	フィードバック	チェックされたところを直したり、他の人の作文を読んだりします。どんな作文が「いい作文」か、考えます。

4 この本の上手な使い方

- 他の人と話しながら学びましょう。
- 作文は必ず音読しましょう。音読すると言葉の使い方がよくわかります。

この本を使用される先生方へ

　「作文が好きですか。好きじゃないですか。」そう質問すると、好きだという学生はほんの少し、多くの学生は「好きじゃない」に手を挙げます。実は、私たちがこの教科書の試作版を 3 年間使った授業でいつも同じ光景が見られました。ところが、授業の最後に教科書についてアンケートをすると、ほとんどの学生が「作文が好きになりました。」と答えてくれました。この授業では静かに作文を書く時間より、学生同士でわいわいがやがや話す時間のほうが多くなります。この話題についてもっと話したい、そんな学生たちが夢中になって自分の言いたいことを相手に話しています。

　「協働」や「アクティブラーニング」など日本語教育でも学習者主体の授業が求められるようになっています。とはいえ、実際の授業ではそう簡単には学生たちの積極的な姿は見られません。特に作文では……。いいえ、教科書次第で、授業方法次第で学生も授業も先生も変われます。

　以下のリストにどのぐらい当てはまりますか？　もし半分以上当てはまるなら、この教科書を使ってみてください。作文の授業を楽しんでほしいと願っています。

学生を変えたい！

□　作文いやだな〜と暗い顔をしている学生に「作文、楽しいかも」と思わせたい。

□　書くことは考えること、考えることは意外と楽しいこと、と思ってほしい。

授業活動を変えたい！

□　どんより、またはし〜んとしがちな作文の授業を何とかしたい。

□　せっかくのクラス授業なので、個人作業ではなく協働して学んでほしい。

□　書き上げた作文を学生同士で共有する教室活動ってどうすればいいの？

授業内容を変えたい！

□　何を目標として、何のために作文を書かせるのか、よくわからない。その指針がほしい。

□　学生の作文の何をどうやって評価すればいいの？

□　毎度、作文の題に苦慮する。書く力を有機的に成長させるステップがあるんじゃないか。

教え方を変えたい！

□　何度読んでも何が言いたいのかよくわからず、頭痛がする作文添削から解放されたい。

□　苦労して添削しても、学生はたいして読みもせずカバンの中に入れてしまう。
　　何かいい活用方法が知りたい。

□　学生が書き上げた作文を書いたままで終わらせるのはもったいない。

●有意義な作文授業をつくるヒント

1 学習者の協働を促す

「作文は一人で黙々と書くもの」という学習者の（教師も？）考えを、「作文はまずおしゃべりから始まる」という方向に変えてもらうことが出発点です。そのためには学習者同士が気楽に話せる関係づくりが大切です。初回の授業でネームカードを作って覚えるまでしばらく使う、お互いの顔を見ながら話せる机や椅子の配置にする、ペア／グループが固定化しないように配慮する等の工夫をしてみてください（するとしないとでは大違いです）。と同時に、自己開示の速度や深度には個人差がありますから、強要しないことも重要です。

2 時間配分

学習者が気楽に、自由に「おしゃべり」している姿は一見無駄な時間のように見えるかもしれませんが、実はこれが最も重要な時間です。

「おしゃべり」が作文のアイディアになるまでには時間がかかります。学習者は「あるテーマについて考えながら日本語で表現し、相手の話を聞いてさらに意見を付け加える。その間にも他の言いたいことが生まれ、または他者から提示され、それについてさらに考え日本語で表現する」という複雑な作業を行っています。これが十分に行えれば、そのあとに続く「作文」が豊かなものになります。ですから、この時間を授業の中で十分に確保してください。

下の図は時間配分のイメージです。

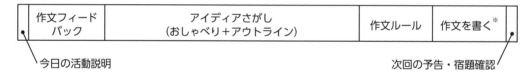

※作文ルールに時間がかかるときは「作文を書く」は宿題にします。

3 文法の授業にしない

教科書にある「作文ルール」には接続語など文法の説明も入っています。これらの「作文ルール」は各課のアウトライン（構成）をわかりやすくしたり、作文を書きやすくしたりするためにあります。ですから、「作文ルール」は文法の練習問題で終わらせず、自分が書いた作文のどこに使っているか（またはいないか）を学習者自身に点検させてください。マーカーで線を引くなど、具体的な活動が有効です。

自分が言いたいことはこのような文法を使うとよりよく表現できると実感できる使い方をすることが重要です。

4 作文添削のヒント

別冊の「作文ノート」にある作文チェック記号（別冊 p.2）を使って、学習者に「考えさせる」ことをお勧めします。さらに、共通して間違いの多いものを抜き出してクイズを作るのも効果的です。

作文評価は「教師が採点したものを渡す」だけでもいいですし、「空欄で返して学習者が自己採点し、そのあとで教師の採点を渡してその違いを考える」という方法も可能です。

どのような方法であれ、教師が懸命に赤ペン添削したものを学習者が一瞥して終わりというむなしい作業はやめたいものです。

添削の方法については凡人社のウェブサイトで配信する「教師用手引き」の「作文フィードバックのしかた」も参考にしてください。

【凡人社ウェブサイト内特設ページ】 (2020 年現在)
　　http://www.bonjinsha.com/wp/chukyu_sakubun

5 作文音読の効果

各課のモデル作文や学生の書いた作文は必ずクラスで音読するようにしてください。モデル作文を音読することは、効果的なアウトラインを意識することにつながります。また、自分の作文を他の人に読み聞かせることは、自分の使った表現や構成の確認に役立ちます。漢字圏の人は、読み方や意味があいまいな漢字語彙を音読によって確かめられますし、漢字語彙が難しいと思っている非漢字圏の人は、テキストのモデル作文やお互いの作文を音読することによって、語彙や文法などの表現を学び合えます。漢字圏、非漢字圏の人がペアを組むことで相互の弱点を補完する働きも生まれます。

課	活動1 アイディアさがし	活動2 作文ルールを学ぼう	活動3 作文を書く	活動4 フィードバック
このテキストで 勉強する前に	■ 力だめし作文			
第1課 「私を表す漢字」 (p.2)	■ ペア／グループで話しましょう 【理由を話す・言葉を増やす】 ■ アウトラインを使いましょう	■ ルール1. 「です・ます体」ではなく「普通体」で書く (p.6) ■ もっと！作文ルール1. 文体の違い (p.78)	作文① 「私を表す漢字」 を書く	作文①の フィード バック
第2課 「私のおすすめ」 (p.10)	■ ペア／グループで話しましょう 【説明する・質問して話を広げる】 ■ アウトラインを使いましょう	■ ルール2. 「話し言葉」ではなく「書き言葉」で書く (p.15) ■ もっと！作文ルール2. 話し言葉の縮約形と書き言葉の違い (p.80)	作文② 「私のおすすめ」 を書く	作文②の フィード バック
第3課 「留学の準備」 (p.20)	■ ペア／グループで話しましょう 【順番に気をつける・言葉を増やす】 ■ アウトラインを使いましょう	■ ルール3. 原稿用紙の使い方 (p.25) ■ ルール4. 接続語を使う (p.27) ■ もっと！作文ルール3. 順接と逆接の接続語 (p.80) ■ もっと！作文ルール4. 指示語を使う (p.81)	作文③ 「留学の準備」 を書く	作文③の フィード バック
第4課 「私の『普通』とあなたの『普通』」 (p.30)	■ ペア／グループで話しましょう 【比べて話す・深く考える】 ■ アウトラインを使いましょう	■ ルール5. アウトライン（構成）を考える——段落・中心文・支持文 (p.34) ■ もっと！作文ルール5. 対比・問題・意見の表現 (p.82)	作文④ 「私の『普通』とあなたの『普通』」 を書く	作文④の フィード バック

課	活動1 アイディアさがし	活動2 作文ルールを学ぼう	活動3 作文を書く	活動4 フィードバック
第5課 「朝型か、夜型か」 (p.38)	■ ペア/グループで話しましょう 【意見を話す・反対の立場になって考える】 ■ アウトラインを使いましょう	■ ルール6. 意見を論理的に述べる (p.42)	作文⑤ 「朝型か、夜型か」 を書く	作文⑤のフィードバック
第6課 「グラフを読む・グラフを書く」 (p.49)	■ ペア/グループで話しましょう 【グラフに慣れる・グラフを使って自分のことを話す】 ■ アウトラインを使いましょう	■ ルール7. グラフを説明する表現 (p.54)	作文⑥ 「グラフを読む・グラフを書く」 を書く	作文⑥のフィードバック
第7課 「グラフを読む・意見を述べる」 (p.59)	■ ペア/グループで話しましょう 【複雑なグラフを説明する・深く考える】 ■ アウトラインを使いましょう	■ ルール8. 意見を表す表現 (p.64) ■ ルール9. 「道しるべ文」を使う (p.67)	作文⑦ 「グラフを読む・意見を述べる」 を書く	作文⑦のフィードバック
第8課 総まとめ (p.69)	■ 復習 作文集を作ろう ■ テスト練習 ■ 力だめし作文（もう一度） ■ 作文チェックリスト ■ いろいろな作文のテーマ	■ もっと！作文ルール6. Eメールの書き方 (p.84)	―	―
(各クラスで)	■ 作文集配布 ■ 期末テスト			

 アイコンの紹介

サクさん　　　ブンさん

💬 サク・ブンおしゃべり

作文が好きなサクさんと、ちょっと作文が苦手なブンさんのおしゃべりを読みながら、どんなことを書けばいいか考えましょう（おしゃべりというのは、リラックスして楽しく話し合うことです）。2人のおしゃべりをペアの人と一緒に声を出して読んでみてください。

👥 ペア／グループで話しましょう

おしゃべりを楽しんでください。そこから作文のアイディアがきっと出てきます。できるだけいろいろな人と話してみましょう。発見があります。

⚙️ アウトラインを使いましょう

おしゃべりしたことを作文にするためにどんなアウトラインを使うか、読んでみましょう。

 フクロウ先生

フクロウ先生は作文が上手になるヒントをくれます。

書いてみましょう。

 ／「もっと！ 作文ルール」

もっと深く言葉の練習をしたいとき、ここを使ってください。

📖 練習問題の解答

練習問題の答えのページがあります。自分で考えてから、確かめてください。

力だめし作文

今、どのくらい作文が書けますか。試してみましょう。

次の題から1つ選んで **20分、辞書なし、400字くらい**で書いてください。

「作文ノート」(別冊 p.3) に書きます。

1 外国語 / 日本語学習の目的

2 「いい友だち」とはどんな友だちか

3 理想の○○ (例：家、学校、ロボット)

第8課でもう一度同じ題で作文を書いて比べてみます。
どのくらい上手になるか、お楽しみに！

私を表す漢字
わたし あらわ かんじ

「理由」を詳しく、わかりやすく書きます。
りゆう くわ か

活動 1 アイディアさがし
かつ どう

あなたはどんな人ですか。あなたを漢字一文字で表すとしたら、どんな漢字を選びますか。そ
ひと かんじ ひともじ あらわ かんじ えら
の理由は？ 「何を書けばいいんだ……」と一人で悩まないで、他の人とおしゃべりしながら考
りゆう なに か ひとり なや ほか ひと かんが
えましょう。他の人のアイディアを聞くと、きっと書きたいことが出てきます。
ほか ひと き か で

💬 サク・ブンおしゃべり

(1) 簡単な自己紹介（名前と国など）の後、サクさんとブンさんの会話をペアで声を出して読んでみましょう。
かんたん じ こしょうかい なまえ くに あと かいわ こえ だ よ

ブンさん、作文を書くのが好きですか、
さくぶん か す
好きじゃないですか。
す

もちろん、好きじゃないですよ。
す

えー、なんで？

何を書けばいいか、どうやって書けばいいか、
なに か か
全然わかりませんから。
ぜんぜん

(2) サクさんとブンさんのように話してみましょう。理由を考えて話してください。
はな りゆう かんが はな

〇〇さん、作文を書くのが好きですか、
さくぶん か す
好きじゃないですか。
す

好きです。／好きじゃないです。
す す

どうしてですか。

Your idea

ペア / グループで話しましょう

1 下の質問についてペアで話します。理由も話してください。

① 日本語で話すのが好きですか、好きじゃないですか。どうしてですか。

② スポーツをするのが好きですか、見るのが好きですか。どんなスポーツですか。

③ 料理を作るのが好きですか、食べるのが好きですか。どんな料理ですか。

④ 休みの日は、外に出かけるのが好きですか、うちにいるのが好きですか。なぜですか。

⑤ 一人でいるのが好きですか、好きじゃないですか。どうしてですか。

⑥ 本を読むのが好きですか、好きじゃないですか。なぜですか。どんな本が好きですか。

⑦ プレゼントをもらうのが好きですか、あげるのが好きですか。

⑧ **Your idea** (　　　　　　　　　　　　　　　　　　　　　　　　　　　)

> あなたが考えた、いい質問があったらどんどんしてみましょう。あなたのアイディア（your idea）はとても大切です。おもしろい質問があったら（　　）に書いてください。

2 質問①～⑧から２つ選んで話したことを例のように書きましょう。理由も書いてください。

> **例1**　私はスポーツをするのが好きです。
>
> 　　　友達と一緒にできるから　です。それに、　汗をかくとすっきりする　からです。
>
> 　　　　　　**理由1**　　　からです。それに、　　　**理由2**　　　からです。
>
> -
>
> **例2**　私はスポーツをするのが好きじゃありません。
>
> 　　　疲れたくない　し、　うちでゲームをするほうが楽しい　からです。
>
> 　　　　　**理由1**　　し、　　　**理由2**　　　からです。

▨ 好きなこと ✏

_____

▨ 好きじゃないこと ✏

_____

3

【ヒント】「おもしろいから」「楽しいから」だけでなく、もっと詳しく自分の気持ちや状況を話してみましょう。特に理由をよく考えてみましょう。そうすると、新しい言葉をどんどん増やすことができますよ。下の▨▨のような言葉も使ってみましょう。

① 日本語
● 日本語で話すと、まわりの人がびっくりする
● 新しい言葉を覚えて、どんどん使いたい
● 日本人の友だちができる
● 言いたいことがすぐに言えない
● 子どもみたいでいやだ

② スポーツ
サッカー/バスケ/卓球/バトミントン/水泳
● 友だちと一緒にできる
● 汗をかくとすっきりする
● 有名な選手のプレーが見たい
● 疲れたくない

③ 料理
羊肉の料理/パスタ/辛い料理/野菜の料理
● 自分の好きな味にできる
● ベジタリアンの店がない
● 他の人が作ってくれると何でもおいしい
● お腹がいっぱいになれば何でもいい
● ごはんの時間より研究の時間が大切だ

④ 休みの日
● 新しい店できれいな服を見たい
● 人が大勢いるところへ行きたい
● 外の空気を吸ってたくさん歩くのが好き
● できるだけ長く寝たい
● 毎日たくさんの人に会うから、休みの日は誰にも会いたくない

⑤ 一人
● 一人で静かに考える時間が大切だ
● 一人でゲームに集中したい
● 一人でいると不安になる
● 誰かと一緒に食事したい
● 一人は恥ずかしい

⑥ 本
恋愛小説/ミステリー（推理小説）/歴史書/経済書
● 子どものときから好きだ
● 知らない世界へ行ける
● 夢中になって現実を忘れられる
● 大好きな作家がいる
● 眠くなる
● マニュアルしか読まない
● 小説なんか読むのは時間の無駄だと思う

⑦ プレゼント
● もらえればなんでもうれしい
● お金は大切だ
● 何でももらいたいし、何もあげたくない
● プレゼントを考えることは、相手を考えることだ
● 私はお金持ちだ
● プレゼントを買いながら、自分のものも買える

アウトラインを使いましょう

ここまで考えたことを、次のアウトライン（構成）を使ってまとめましょう。

1 例 を声を出して読んでください。ペア / グループで 1 文ずつ交代で読んでください。

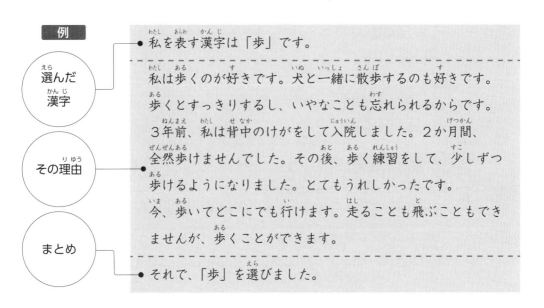

例

選んだ漢字
● 私を表す漢字は「歩」です。

私は歩くのが好きです。犬と一緒に散歩するのも好きです。
歩くとすっきりするし、いやなことも忘れられるからです。

その理由
● 3年前、私は背中のけがをして入院しました。2か月間、
全然歩けませんでした。その後、歩く練習をして、少しずつ
歩けるようになりました。とてもうれしかったです。
今、歩いてどこにでも行けます。走ることも飛ぶこともでき
ませんが、歩くことができます。

まとめ
● それで、「歩」を選びました。

2 「私を表す漢字」を 1 つ考えて「　」に書いてから、例のように書いてみましょう。

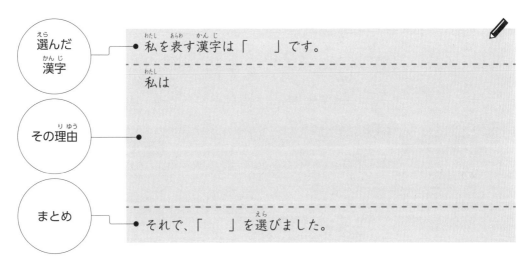

選んだ漢字
● 私を表す漢字は「　」です。

私は

その理由
●

まとめ
● それで、「　」を選びました。

書けたら交換して読んでみましょう。わからないことは質問してください。質問されたところ
は直しましょう。そうすると、いい作文になりますよ。

★作文題参考：二宮理佳 (2014)「モチベーションを高めるフィードバックの実際」石黒圭編『日本語教師のための実践・作文指導』、pp.187-198

活動 2 ｜ 作文ルールを学ぼう

| ルール 1 | 「です・ます体」ではなく「普通体」で書く |

レポートや論文を書くときは、「です・ます体」ではなく、「普通体」で書きます。このテキストでは「だ体」で書く練習をします。

> 下の図のように、「普通体」は大きく3つに分けられます。このテキストの作文テーマは、(2) が合うので、「だ体」で書く練習をします。
>
> 普通体 ┬ (1) 柔らかい文体「だ体」：**例** SNS で友だちとおしゃべり
> ├ (2) 少し硬い文体「だ体」：**例** 新聞や雑誌の記事、レポート
> └ (3) 最も硬い文体「である体」：**例** 公的なレポート、会社の報告、研究論文

	です・ます体	だ体
名詞	仕事です 仕事でした 仕事ではありません 仕事ではありませんでした	仕事だ 仕事だった 仕事ではない 仕事ではなかった
な形容詞	大切です 大切でした 大切ではありません 大切ではありませんでした	大切だ 大切だった 大切ではない 大切ではなかった
い形容詞	大きいです 大きかったです 大きくないです 大きくなかったです	大きい 大きかった 大きくない 大きくなかった
動詞	変わります 変わりました 変わりません 変わりませんでした	変わる 変わった 変わらない 変わらなかった
その他	～でしょう ～ています	～だろう ～ている

6

練習 1 ①～⑪に「だ体」を書いてください。

	です・ます体	だ体
名詞	留学生です 留学生でした 留学生ではありません 留学生ではありませんでした	留学生だ 留学生（　　　　　　　　　）① 留学生ではない 留学生（　　　　　　　　　）②
な形容詞	好きです 好きでした 好きではありません 好きではありませんでした	好きだ 好き（　　　　　）③ 好き（　　　　　）④ 好きではなかった
い形容詞	高いです 高かったです 高くないです 高くなかったです	高い （　　　　　　　）⑤ 高くない （　　　　　　　）⑥
動詞	します しました しません しませんでした	（　　　　　　　）⑦ （　　　　　　　）⑧ しない （　　　　　　　）⑨
その他	書くでしょう 書いています	（　　　　　　　）⑩ （　　　　　　　）⑪

練習 2 下線部を「だ体」に書きかえてください。

① 日本の首都はどこでしょうか。 ➡ どこ（　　　　　　　　　　　　　）。

② 今は東京です。 ➡ 東京（　　　　　　）。

③ 実は、昔は京都でした。 ➡ 京都（　　　　　　　）。

④ 今も京都には古い寺や神社が多いです。 ➡ 多（　　　　　　　　　　　）。

⑤ 昔の東京はにぎやかではありませんでした。 ➡ にぎやか（　　　　　　　　　　　　）。

⑥ 町も小さかったです。 ➡ 小さ（　　　　　　　　　）。

⑦ あまり人も住んでいませんでした。 ➡ 住んで（　　　　　　　　　　　）。

⑧ 今は旅行者も多く、これからもたくさん人が来るでしょう。

➡ 来る（　　　　　　　　　　　　　）。

7

（　　）に適当な言葉を入れて、「私を表す漢字」の例文を「だ体」にしてください。

私を表す漢字は「歩」（　だ　）。

私は歩くのが好き（　　　　　）。犬と一緒に散歩するのも好き（　　　　　）。歩く

とすっきりするし、いやなことも忘れられるから（　　　　　）。

3年前、私は背中のけがをして入院し（　　　　　）。2か月間、歩けな（　　　　　）。

その後、歩く練習をして、少しずつ歩けるようにな（　　　　　）。とてもうれし

（　　　　　）。

今、歩いてどこにでも行け（　　　　　）。走ることも飛ぶこともでき（　　　　　）

が、歩くことができ（　　　　　）。

それで、「歩」を選（　　　　　）。

📖 練習問題の解答は p.88 にあります。

⟶ 時間があったら、 もっと！作文ルール　1. 文体の違い （p.78）をやってみましょう。
「である体」についても勉強できます。

活動 3	作文を書く

作文① 「私を表す漢字」を「普通体」で書きます。「作文ノート」（別冊 p.4）に書きます。
時間がなかったら宿題にします。

● 締切　　　　月　　　日　　　時まで

活動 4	フィードバック

1 作文①「私を表す漢字」を返してもらいます。作文チェックの記号を見て、自分で直してみ
ましょう。終わったら答えを見て、確かめてください。
（書き直し（rewrite）は宿題。書きたい人だけが書き直す。）

「作文ノート」（別冊 p.2）のマークの意味を一緒に確かめましょう。

2 作文①をペア / グループで交換して読んで、感想（どこがおもしろいか、印象的か、よくわ
からなかったかなど）を話しましょう。
★ 時間があったら、できるだけたくさんの人の作文を読みましょう。クラスメイトがどん
な人か、少しわかります。

3 今日のおすすめ作文（一番よかった作文）を読みましょう。よかったところをメモして、次
の作文のときに注意して書いてください。

memo　今日のおすすめ作文のよかったところ

第2課 私のおすすめ

詳しく、わかりやすく「説明」する作文を書きます。

活動 1 　アイディアさがし

あなたが他の人にすすめたい「いいもの」について書きます。それはどんなものか、どうしていいのか、書きましょう。読んだ人が「いいなあ、行きたいな」「私もやってみたい」と思う作文を書きましょう。

💬 サク・ブンおしゃべり

サクさんとブンさんの会話をペアで声を出して読んでみましょう。

ブンさん、おすすめの場所、ありませんか。

家の近くのショッピングモールです。いろいろな店があって便利だし、家から歩いて行けるから。

ショッピングモールってどこも似ていますよね。
他のところと比べて、何か違いはありませんか。

うーん……あ、そうだ！　海が見えます。

え？　海？

実は、私は海が好きで、海が見えると
気持ちが明るくなるんです。

なるほど。

1 サクさんとブンさんのように話してみましょう。

① あなたはいつもどんな昼ご飯を食べていますか。あなたの「おすすめのランチ」を
教えてください。

② 疲れたときや元気が出ないとき、どんな場所に行くといいですか。あなたの家の近
くにある「おすすめの場所」を教えてください。

③ 「小確幸」という言葉を知っていますか。これは作家の村上春樹が作った言葉で、
「小さいけれど、確かな幸福」という意味です。村上春樹の小確幸は、がまんして
激しく運動した後に飲む冷たいビールみたいなものだそうです。あなたの小確幸を
教えてください。

参考：村上春樹『うずまき猫のみつけかた』（新潮社　1996 年）

話し合ってもアイデアが出ないときは、ヒント1、2、3を使ってみましょう。

【ヒント1】 5W1Hを聞いて話を広げましょう。

5W1H（いつ・どこ・だれ・なに・どうして・どのように When　Where
Who　What　Why　How）

| いつですか？ | どこで？　どこから？ | だれと？ | なんですか、それ。 |

| どうして？ | どうやって？　どんなふうに？ |

【ヒント2】 もっと深く聞いてみましょう。
答えを聞いて終わりではなく、その答えについてさらに聞いてみましょう。

例 ▶ ランチはいつも何？　パン。

▶ どんなパン？　サンドイッチ。

▶ どうしてサンドイッチ？　野菜や卵が入っていて、体にいいと思うから。

【ヒント3】 意味を確かめながら、話し合いましょう。
わからない言葉があったら「〜って何ですか」と聞きましょう。聞かれたら説明し
てください。

私は「シャミセン」のサークルに入っているんです。

「シャミセン」って何ですか。

えっ？「シャミセン」？「シャミセン」は
日本の楽器で、ギターみたいな楽器なんだけど…

アウトラインを使いましょう

1 下の例を見てください。今、楽しく話したことの中にはたくさんのキーワード（大切な言葉）があります。このキーワードとアウトライン 名前 → 説明 → 理由 を使うと、作文が書けます。

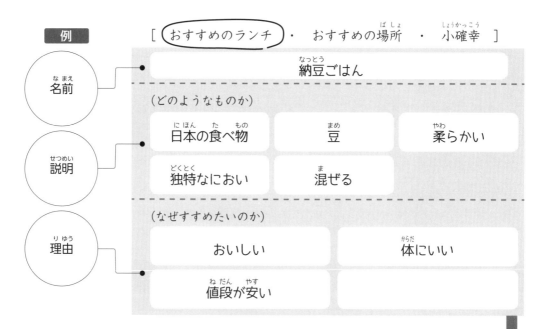

2 例1 を声を出して読んでみましょう。＿＿＿がキーワードです。

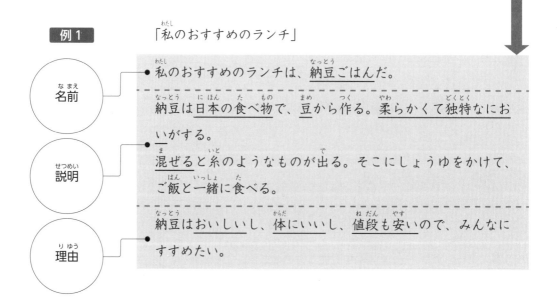

3 例2 と 例3 も声を出して読んでみましょう。＿＿＿がキーワードです。

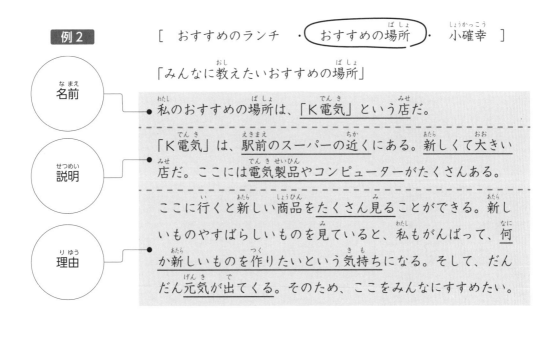

例2　［　おすすめのランチ　・　おすすめの場所　・　小確幸　］

「みんなに教えたいおすすめの場所」

名前
● 私のおすすめの場所は、「K電気」という店だ。

説明
「K電気」は、駅前のスーパーの近くにある。新しくて大きい店だ。ここには電気製品やコンピューターがたくさんある。

理由
ここに行くと新しい商品をたくさん見ることができる。新しいものやすばらしいものを見ていると、私もがんばって、何か新しいものを作りたいという気持ちになる。そして、だんだん元気が出てくる。そのため、ここをみんなにすすめたい。

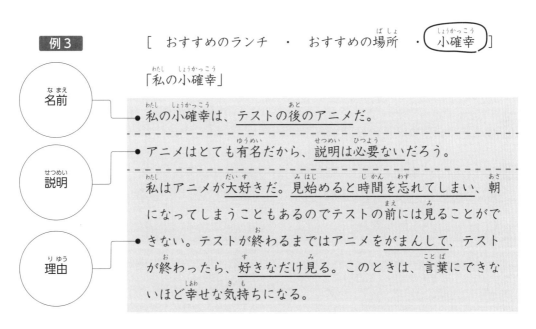

例3　［　おすすめのランチ　・　おすすめの場所　・　小確幸　］

「私の小確幸」

名前
● 私の小確幸は、テストの後のアニメだ。

説明
● アニメはとても有名だから、説明は必要ないだろう。

理由
私はアニメが大好きだ。見始めると時間を忘れてしまい、朝になってしまうこともあるのでテストの前には見ることができない。テストが終わるまではアニメをがまんして、テストが終わったら、好きなだけ見る。このときは、言葉にできないほど幸せな気持ちになる。

4 「おすすめのランチ」「おすすめの場所」「小確幸」の中から1つを選んで、アウトライン
のようにキーワードを考えて書きましょう。

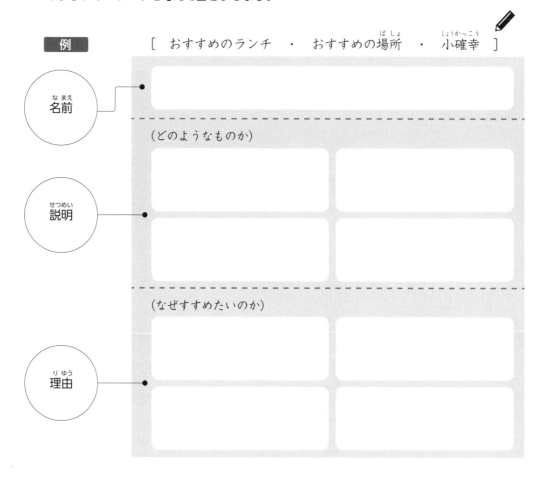

例

[おすすめのランチ ・ おすすめの場所 ・ 小確幸]

名前

（どのようなものか）

説明

（なぜすすめたいのか）

理由

5 書けたらペアで話してみましょう。キーワードを見せながら説明してください。
話すときは「です・ます体」で話します。

聞いている人はわからないことを質問しましょう。「意味がよくわからないんですけど……」「この
漢字はどんな意味ですか」「例えば、どんなこと？」など質問します。
説明をする人は、質問されたら、よくわかるように説明してください。そして作文を書くとき
はそこに注意して書いてください。そうすると、よくわかるおもしろい作文になりますよ。

ルール 2 「話し言葉」ではなく「書き言葉」で書く

話すときと書くときでは使う言葉が変わります。この作文では、レポートなどに使われる文末「だ体」で書く練習をするので、言葉も「書き言葉」を使います。

練習 1 書き言葉を（　）に書いてください。

例文の意味もよく考えてください。

書き言葉のリスト

●接続語 (Transition Words)

話し言葉	書き言葉	例文（書き言葉）
でも	しかし	大学の勉強はおもしろい。（　　　）、いそがしすぎて自由時間がない。
あと	それから	友だちと映画を見た。（　　　）、レストランで晩ごはんを食べた。
じゃあ	では	2つともおもしろいアイデアだと思う。（　　　）、どちらがいいか考えてみよう。

●接続助詞（Conjunctive Particles）

話し言葉	書き言葉	例文（書き言葉）
けど	が	日本語はおもしろい（　　　）、日本人との会話はなかなか難しい。　【逆接 Contrastive】 話が長くなった（　　　）、そろそろ終わりにしよう。　【前置き Preliminary】
たら 例 決まったら	ば 例 決まれば	レポートのテーマが決ま（　　　）、データを集める。
て 例 して	（ます形） 例 し	先生と相談（　　　）、研究テーマを決めた。
ないで 例 見ないで	ずに 例 見ずに	辞書を見（　　　）作文を書いた。　【状況 Incidental Situation】
なくて 例 わからなくて	ず 例 わからず	日本に来たとき、ことばの意味がわから（　　　）困った。　【原因・理由 Cause, Reason】 作文を書くとき、辞書を使わ（　　　）、スマホも見ない。　【並列 Coordinating】

> 「たら」は「ば」に変えられないときもあります。
> 例 クラスに来たら、宿題を出してください。

●副詞（Adverbs）

話し言葉	書き言葉	例文（書き言葉）
すごく	とても たいへん 非常に	この映画は（　　　　　）おもしろい。 この本は（　　　　　）勉強になる。 この論文は（　　　　　）興味深い。
たぶん	おそらく	来年は（　　　　　）いいことがあるだろう。
一番	最も	日本に来る外国人には京都が（　　　　　）人気があるそうだ。
絶対に	必ず	このルールは（　　　　　）守らなければならない。
ちょっと	少し	町の人口が去年より（　　　　　）増えた。
今	現在	（　　　　　）、世界ではいろいろな問題が起こっている。
どんどん	急激に	車の事故が（　　　　　）減少した。
だんだん	徐々に	春になって、気温が（　　　　　）上がってきた。

●その他 (Others)

話し言葉	書き言葉	例文（書き言葉）
～かも	かもしれない	日本に来る外国人には京都が人気がある（　　　　　）。
～とか～とか	～や～など	この部屋にはコンピューター（　　　）テレビ（　　　）が置いてある。
いろんな	いろいろな さまざまな	世界の（　　　　　）ところで環境問題が起こっている。
みたいだ	ようだ	秋になって、気温が下がってきた（　　　　　）。
～ね ～よ	なし	この映画は（おもしろいよ）。 この本は勉強に（なるね）。
～かな	～か	来年は何をしよう（かな）。

練習 2 次の文章の「話し言葉」の表現に線を引き、「書き言葉」に直してください。

大学生協の調査によると、読書をしない大学生が増えてるって言うよ。1日の読書時間がゼロの学生が50パーセント以上で、すごく多いみたいだ。たぶん勉強よりアルバイトとかサークル活動とかでいそがしいんじゃないかな。あと、スマホで調べたほうが便利だからでしょうね。調べるときも、いろんな本を読むよりインターネットでちょっとだけ調べたらいいと思ってる人が多いかも。でも、スマホは持っていても、パソコンは持っていない学生もいるそうだよ。

参考：http://www.univcoop.or.jp/press/life/report.html 「第55回学生生活実態調査の概要報告」
全国大学生活協同組合連合会　2020年6月16日閲覧

📖 練習問題の解答は p.88 にあります。

書き言葉では「て形」は使わずに「ます形」で書くと練習しましたが、「て形」を使うこともあります。「関係のある 2 つのこと」は「て形」で書きます。

| コンピューターを使って
アンケートに答える | → | 辞書を見ないで
作文を書く | → | 研究室に行って
インタビューを受ける |

これを 1 つの文にするとこうなります。

コンピューターを使ってアンケートに答え、辞書を見ずに作文を書き、研究室に行ってインタビューを受ける。

※「見ないで」は、書き言葉「見ずに」にします。

練習 3 書き言葉として {　　} の中のどちらのほうがいいですか。○をつけてください。

この調査では、インターネットにアクセス { して・し } アンケートに { 答えて・答え }、辞書で { 調べないで・調べずに } 作文を { 書いて・書き }、別の日に研究室に { 行って・行き } インタビューを受けることになっている。

📖 練習問題の解答は p.88 にあります。

もっと勉強したい人は

もっと！作文ルール　2. 話し言葉の縮約形 (contracted forms) と書き言葉の違い (p.80) をやってみましょう。

活動 3	作文を書く

作文② 「私のおすすめ」を「普通体」で書きます。「作文ノート」（別冊 p.6）に書きます。
時間がなかったら宿題にします。

● 締切 　　　月　　　日　　　時まで

活動 4	フィードバック

1 作文② 「私のおすすめ」を返してもらいます。作文チェックの記号を見て、自分で直してみましょう。終わったら答えを見て、確かめてください。
（書き直し（rewrite）は宿題。書きたい人だけが書き直す。）

2 作文②をペア / グループで交換して読んで、感想（どこがおもしろいか、印象的か、よくわからなかったかなど）を話しましょう。

3 今日のおすすめ作文（一番よかった作文）を読みましょう。よかったところをメモして、次の作文のときに注意して書いてください。

memo 　今日のおすすめ作文のよかったところ

第3課 だい か

留学の準備
りゅうがく じゅんび

やり方を順番に説明する作文を書きます。
かた じゅんばん せつめい さくぶん か

活動 **1** かつどう

アイディアさがし

何かのやり方を説明するときは、「最初に○○をして、それから○○をして……」と順番に説明
なに かた せつめい さいしょ じゅんばん せつめい

するとわかりやすいです。

順番を表す接続語（transition words）と書きたいことを並べてみると、
じゅんばん あらわ せつぞくご か なら

作文ができます。
さくぶん

ジグソーパズル（jigsaw puzzle）みたいですね。

サク・ブンおしゃべり

サクさんとブンさんの会話をペアで声を出して読んでみましょう。会話の続きを考えて話してください。
かいわ こえ だ よ かいわ つづ かんが はな

ブンさん、留学する前、どんな準備をしましたか。
りゅうがく まえ じゅんび

準備ですか。
じゅんび

ええと、まず、どんな大学があるか調べて、友だちにも聞
だいがく しら とも き

いて、それから、どんな先生がいるか、それも調べました。
せんせい しら

それから、| Your idea |。

留学しない人は、「海外旅行に行く前」「引っ越しする前」「結婚する前」「子どもが生まれる前」
りゅうがく ひと かいがいりょこう い まえ ひ こ まえ けっこん まえ こ う まえ

「転職する前」について話してみましょう。
てんしょく まえ はな

ペア / グループで話しましょう

下の①〜③から１つ選んで話しましょう。a〜mの順番を考えながら話してください。

① 留学する前、どのような手続きや準備をしましたか。
② 研究室に入るためにはどのようなことが必要ですか。
③ 奨学金をもらうためにどのようなことが必要ですか。

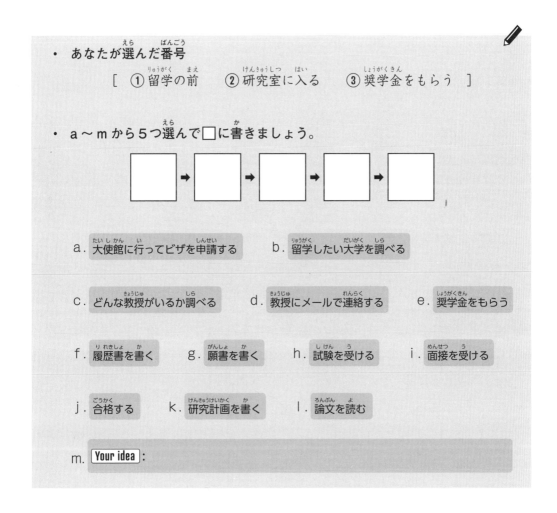

・ あなたが選んだ番号

[　① 留学の前　　② 研究室に入る　　③ 奨学金をもらう　]

・ a〜mから５つ選んで□に書きましょう。

☐ ➡ ☐ ➡ ☐ ➡ ☐ ➡ ☐

a. 大使館に行ってビザを申請する　　b. 留学したい大学を調べる

c. どんな教授がいるか調べる　　d. 教授にメールで連絡する　　e. 奨学金をもらう

f. 履歴書を書く　　g. 願書を書く　　h. 試験を受ける　　i. 面接を受ける

j. 合格する　　k. 研究計画を書く　　l. 論文を読む

m. Your idea :

1 順番を表す接続語の後に、例のように a ～ m から選んだものを入れて、その文を書いてください。これが中心文 (main sentences) になります。

↓ 中心文

	✎
まず、□ 。	例 b 留学したい大学を調べる。
次に、□ 。	
それから、□ 。	
それから、□ 。	
最後に、□ 。	

2 それぞれの中心文について、さらに詳しく説明したり、例を挙げます。これらを支持文 (supporting sentences) と言います。例を読んでみましょう。書かなくていいです。

↓ 支持文

まず、留学したい大学を調べる。　例 調べるために、インターネットを使ったり、図書館に行ったりする。どのような勉強ができるか、いくらぐらい費用がかかるかについて、調べる。

次に、…………………… 。　支持文 …………………………………………………………………………………………………

それから、…………………… 。　支持文 …………………………………………………………………………………………………

それから、…………………… 。　支持文 …………………………………………………………………………………………………

最後に、…………………… 。　支持文 …………………………………………………………………………………………………

3 あなたが選んだものを使って書いてみましょう。

まず、題(title)と名前を書きます。次に 接続語 と 中心文 を書いてから 支持文 を書きます。

1つの中心文で1つの段落（paragraph）にします。段落の最初は1文字分あけます。

★支持文はキーワードで短く書きます。普通体で書きます。

題 _____

名前 _____

中心文	まず、
支持文	

中心文	次に、
支持文	

中心文	それから、
支持文	

中心文	それから、
支持文	

中心文	最後に、
支持文	

【ヒント】 支持文が考えられない人はペア/グループ以外の人が書いたものを見せてもらいましょう。いろいろなアイディアがもらえますよ。

でも、そのまま同じことを書かないで、自分の頭の中でもう一度考えてみましょう。そのとき、どんな天気だったか、どんな服を着て、どんな気持ちだったか、自分の体験を思い出してみると、オリジナリティ（originality）のある支持文が書けるかもしれません。

4 書けたらペア / グループの人に見せながら話してください。「です・ます体」で話します。

どうでしたか。 接続語 中心文 支持文
この 3 つをジグゾーパズルのピースのように並べると、作文が楽に書けますよ。

こんなテーマでも書けます。

例

∥「日本で就職するとき」　　　　　　　∥「私の町のバスの乗り方」
∥「新しい学校（職場）で友だちをつくる方法」　∥「上手に転職する方法」

ルール 3 原稿用紙の使い方

原稿用紙の使い方を知っていますか。最近では手書きをすることが少なくなりましたが、書くときの基本的なルールを学ぶことができるので、練習してみましょう。

練習 1 次の文章を横書きで原稿用紙に書いてください。下の「横書きのルール」を読んで、題、名前、本文の書き始めの位置を考えて、3つの段落で書いてください。

なぜ原稿用紙の使い方を学ぶのか　←作文の題　　　　　↓自分の名前

サク　ブンカク

↓本文

　原稿用紙の使い方を知っていれば、コンピューターでタイピング（typing）するのに役立つ。ルールが同じだからだ。
　2017年10月3日の毎朝新聞には、NPOつくばの調査結果として「多くの留学生は日本語で書くことに困難を感じている」とあった。正しい書き方を学ぶ機会が少ないという。
　私はこの課で書き方をよく学びたいと思う。

【横書きのルール】
・作文の題は1行目の4マス目から書く。自分の名前は2行目の終わりに書く。本文は3行目から書き始める。
・段落の初めは1マスあけて書く。
・小さい文字（っ、ゃ等）句点（。）読点（、）長音（―）は1つのマスに書く。
・小さい文字（っ、ゃ等）句点（。）読点（、）は、マスの左下に書く。長音（―）は横に書く。
・数字やアルファベットは1マスに2つ書く。略称（NPO等）は1マスに1つ書く。
・文字の後の記号が行の最初に来るときは、前の行の最後に書く。句点（。）読点（、）かぎかっこ（」）など。

📖 「作文ノート」（別冊 p.8）の原稿用紙に書いてください。

練習 2 同じ内容を、縦書きで原稿用紙に書いてください。縦書きのルールを読んで、題、名前、本文の書き始めの位置を考え、3つの段落で書いてください。

【縦書きのルール】

・作文の題は1行目の4マス目から書く。自分の名前は2行目の終わりに書く。本文は3行目から書き始める。

・段落の初めは1マスあけて書く。

・小さい文字（っ、ゃ等）句点（。）読点（、）長音（ー）は1つのマスに書く。

・小さい文字（っ、ゃ等）句点（。）読点（、）は、マスの右上に書く。長音（ー）は縦に書く。

・数字やアルファベットは1マスに2つ書く。略称（NPO等）は1マスに1つ書く。

・文字の後の記号が行の最初に来るときは、前の行の最後に書く。句点（。）読点（、）かぎかっこ（」）など。

📖 「作文ノート」（別冊 p.9）の原稿用紙に書いてください。

📖 練習問題の解答は p.89 ～ p.90 にあります。書く前に見てもいいです。

ルール 4	接続語を使う _{せつぞくご　つか}

接続語は文と文、段落と段落をつなぐことばです。2つ以上のことについて関係を表したいとき
_{せつぞくご　ぶんぶん　だんらく　だんらく　　　　　　　　　　　　　　　　　　　　　　いじょう　　　　　　　かんけい　あらわ}
に接続語を使うと、わかりやすくなります。
_{せつぞくご　つか}

●順番を表す接続語
_{じゅんばん　あらわ　せつぞくご}

① 3つ以上で順番が決まっているとき
_{いじょう　じゅんばん　き}

「まず」 ➡ 「次に」 ➡ 「それから」「さらに」「また」 ➡ 「最後に」
_{つぎ　　　　　　　　　　　　　　　　　　　　　　さいご}

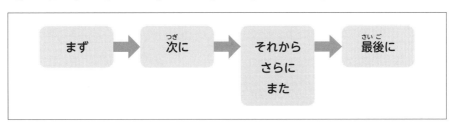

例	茶道のお茶とお菓子のいただき方を説明する。まず、正座する。次に、お菓 _{さどう　　ちゃ　　かし　　　　　かた　せつめい　　　　　　　せいざ　　　　つぎ　　か} 子を食べる。それから、お茶をいただく。最後に、お礼を言う。 _{し　た　　　　　　　　　　ちゃ　　　　　　さいご　　れい　い}

② 3つ以上で順番が決まっていなくてもいいとき
_{いじょう　じゅんばん　き}

「第一に」 ➡ 「第二に」 ➡ 「第三に」（➡ 「最後に」）
_{だいいち　　　　だいに　　　　　だいさん　　　　　　さいご}

例	作文が上手になるための条件は3つある。第一に、よく考える。第二に、他 _{さくぶん　じょうず　　　　　　　じょうけん　　　　　　だいいち　　　かんが　　　だいに　　　ほか} の人に読んでもらう。第三に、たくさん書く。 _{ひと　よ　　　　　　だいさん　　　　　　か}

③ 2 つのとき

「一つは……ことだ」 ➡ 「もう一つは……ことだ」

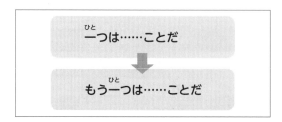

例　「すみません」には二つの意味がある。一つはあやまることだ。もう一つは

よびかけることだ。

もっと勉強したい人は、 もっと！作文ルール　3. 順接と逆接の接続語 (p.80)、

もっと！作文ルール　4. 指示語を使う (p.81) もやってみましょう。

活動 かつどう	**3**	作文を書く さくぶん か

作文③ 「留学の準備」（または自分の選んだ題）を「普通体」で書きます。「作文ノート」
りゅうがく じゅんび じぶん えら だい ふ つうたい か さくぶん
（別冊 p.10）に書きます。時間がなかったら宿題にします。
べっさつ か じかん しゅくだい

● 締切 しめきり 　　　　月　　　日　　　時まで

活動 かつどう	**4**	フィードバック

1 作文③「留学の準備」（または自分の選んだ題）を返してもらいます。作文チェックの記号
さくぶん りゅうがく じゅんび じぶん えら だい かえ さくぶん き ごう
を見て、自分で直してみましょう。終わったら答えを見て、確かめてください。
み じぶん なお お こた み たし
（書き直し（rewrite）は宿題。書きたい人だけが書き直す。）
か なお しゅくだい か ひと か なお

2 作文③をペア／グループで交換して読んで、感想（どこがおもしろいか、印象的か、よくわ
さくぶん こうかん よ かんそう いんしょうてき
からなかったかなど）を話しましょう。
はな
次に、作文の形式を確かめましょう。「段落」「接続語」「中心文」「支持文」がわかりやすく
つぎ さくぶん けいしき たし だんらく せつぞく ご ちゅうしんぶん し じ ぶん
書いてありますか。調べてください。
か しら

3 今日のおすすめ作文（一番よかった作文）を読みましょう。よかったところをメモして、次
きょう さくぶん いちばん さくぶん よ つぎ
の作文のときに注意して書いてください。
さくぶん ちゅう い か

memo	今日のおすすめ作文のよかったところ きょう さくぶん

私の「普通」とあなたの「普通」
わたし　ふつう　　　　　　　　　　ふつう

2つのことを比べて意見を述べる作文を書きます。
　　　　くら　いけん　の　さくぶん　か

活動 **1**　アイディアさがし
かつ どう

自分では「普通」と思っていることも、他の国や文化の人と話すと「普通」じゃないことがあ
じ ぶん　　ふ つう　　おも　　　　　　　　　　　ほか　くに　ぶん か　ひと　はな　　　　　　ふ つう
ります。話してみて、初めてわかることがあります。おもしろいですよ。
　　　　はな　　　　　　　はじ
表面的な (目に見える) 違いだけでなく、その後ろにある理由を深く考えてみましょう。「普通」って
ひょうめんてき　め　み　　　　ちが　　　　　　　　　　　うし　　　　　りゆう　ふか　かんが　　　　　　　　　　ふ つう
何なのか、深く考えてみてください。そして、日本語でなんと言えばいいか考えると、どんどん
なん　　　　ふか　かんが　　　　　　　　　　　　　　　にほんご　　　　　い　　　　　　かんが
新しい言葉が増えますよ。
あたら　ことば　ふ

💬 サク・ブンおしゃべり

サクさんとブンさんの会話をペアで声を出して読んでみましょう。会話の続きを考えて話してください。
　　　　　　　　　　かい わ　　　　こえ だ　　　よ　　　　　　　　　　　かい わ　つづ　かんが　はな

> ブンさん、日本に来て「違うなー、普通じゃないな」
> にほん　き　ちが　　　ふつう
> と思ったことがありますか。
> おも

> そうですね、うーん、あ、日本では話すとき、
> にほん　はな
> あまり相手の目を見ませんね。
> あいて　め　み

> そうかもしれませんね。

> あれは、ちょっといやですね。
> 私と話したくないのかなって
> わたし　はな
> 思いました。
> おも

> そうですか。どうしてでしょうね。

> たぶん、［　　　Your idea　　　］。

ペア / グループで話しましょう

あなたの「普通」はどちらですか。日本ではどうですか。比較して話してください。あなたが「普通だ」と思う理由やあなたの体験、意見も話してください。

① 話すとき、相手の目を見て話しますか。話しませんか。
　どうしてですか。

② ハグ（hug）をしますか。しませんか。なぜ？

③ 握手をしますか。しませんか。どんなときですか。

④ 友だちと手をつないで（腕を組んで）歩きますか。歩きませんか。
　どんなときですか。

⑤ 時間を守ることは大切ですか。あまり大切ではありませんか。
　なぜですか。

⑥ 先生を名前（first name）で呼びますか。呼びませんか。
　どうしてですか。

⑦ 割り勘（to split the bill）にしますか。しませんか。どうして？

⑧ 電車やバスに乗るとき、列を作りますか。作りませんか。なぜ？

⑨ 赤いペンで名前を書いてもいいですか。よくないですか。理由は？

⑩ 白い大きい菊をプレゼントしますか。しませんか。どうして？

⑪ Your idea （　　　　　　　　　　　　　　　　　　　　　　　　）

日本へ行った経験がない人は、次の意見について考えてみましょう。日本に留学した人の話です。

1. 夜中、ぜんぜん車が通らないのに赤信号を守って待っている。どうして渡らないんだろう？
　不思議だった。

2. バイトに遅刻したので理由をいっしょうけんめい話したら、「まず、あやまれ！」と怒られた。
　びっくりした。

3. 日本の大学の試験でカンニングしただけでとても大きい問題になった。友だちに頼まれたら
　断れないのに。

31

アウトラインを使いましょう

1 p.31で話したことをまとめてみましょう。どんな順番でどんなことを書けばいいか、例を読んで確かめてください。ペアで声を出して読んでみましょう。

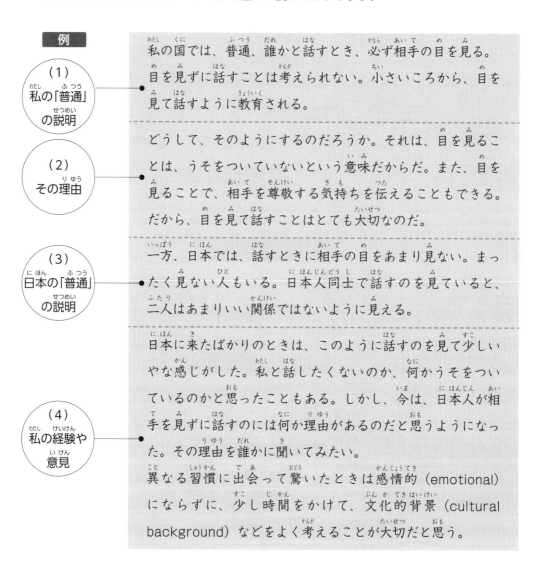

例

（1）
私の「普通」の説明

私の国では、普通、誰かと話すとき、必ず相手の目を見る。目を見ずに話すことは考えられない。小さいころから、目を見て話すように教育される。

（2）
その理由

どうして、そのようにするのだろうか。それは、目を見ることは、うそをついていないという意味だからだ。また、目を見ることで、相手を尊敬する気持ちを伝えることもできる。だから、目を見て話すことはとても大切なのだ。

（3）
日本の「普通」の説明

一方、日本では、話すときに相手の目をあまり見ない。まったく見ない人もいる。日本人同士で話すのを見ていると、二人はあまりいい関係ではないように見える。

（4）
私の経験や意見

日本に来たばかりのときは、このように話すのを見て少しいやな感じがした。私と話したくないのか、何かうそをついているのかと思ったこともある。しかし、今は、日本人が相手を見ずに話すのには何か理由があるのだと思うようになった。その理由を誰かに聞いてみたい。
異なる習慣に出会って驚いたときは感情的（emotional）にならずに、少し時間をかけて、文化的背景（cultural background）などをよく考えることが大切だと思う。

2 p.31 の①〜⑪の中からあなたの考える「普通」と日本の「普通」が違っているものを 1 つ選び、下の(1)〜(4)についてキーワードを書いてください。

(1) 私の「普通」

(2) 理由

(3) 日本の「普通」

(4) 私の経験や意見

3 **2** のキーワードと下のアウトラインを使ってペアで話してみましょう。「です・ます体」で話してください。

(1) 私の「普通」の説明	私は {私の国 (で) は / 私の町 (で) は / 私の学校 (で) は}、普通、……
(2) 理由	どうしてそのようにするんでしょうか。……
(3) 日本の「普通」の説明	一方、日本では、……
(4) 私の経験や意見	

活動 (かつどう) **2**	作文 (さくぶん) ルールを学 (まな) ぼう

ルール **5**	アウトライン（構成 (こうせい)）を考 (かんが) える——段落 (だんらく)・中心文 (ちゅうしんぶん)・支持文 (しじぶん)

作文 (さくぶん) を書 (か) くの、ちょっと待 (ま) って！　書 (か) く前 (まえ) に、アウトライン（構成 (こうせい)）とそれぞれの中心文 (ちゅうしんぶん)、支持 (しじ) 文 (ぶん) をよく考 (かんが) えましょう。

練習 (れんしゅう) 1 p.32の例 (れい) では中心文 (ちゅうしんぶん) はどこに書 (か) いてありますか。線 (せん) を引 (ひ) いてみましょう。

（1） 私 (わたし) の「普通 (ふつう)」 の説明 (せつめい)	**中心文 (ちゅうしんぶん)**：私 (わたし) の国 (くに) では、普通 (ふつう)、だれかと話 (はな) すとき、必 (かなら) ず相手 (あいて) の目 (め) を見 (み) る。
（2） その理由 (りゆう)	**中心文 (ちゅうしんぶん)**：目 (め) を見 (み) て話 (はな) すことはとても大切 (たいせつ) だ。
（3） 日本 (にほん) の「普通 (ふつう)」 の説明 (せつめい)	**中心文 (ちゅうしんぶん)**：日本 (にほん) では、話 (はな) すときに相手 (あいて) の目 (め) をあまり見 (み) ない。
（4） 私 (わたし) の経験 (けいけん) や 意見 (いけん)	**中心文 (ちゅうしんぶん)**：異 (こと) なる習慣 (しゅうかん) に出会 (であ) って驚 (おどろ) いたときは感情的 (かんじょうてき) にならずに、少 (すこ) し時間 (じかん) をかけて文化的背景 (ぶんかてきはいけい) などをよく考 (かんが) えることが大切 (たいせつ) だと思 (おも) う。

練習 **2** p.33 の **2** であなたが選んだトピックについて、まず 4 つの 中心文 を書きます。
「普通体」で、短く書きます。

（1） 私の「普通」 の説明	中心文： ☆：
（2） その理由	中心文： ☆：
（3） 日本の「普通」 の説明	中心文： ☆：
（4） 私の経験や 意見	中心文： ☆：

練習 **3** 次にそれぞれの☆に支持文を書きましょう。「普通体」で短く書きます。
（中心文と支持文の順番が変わることもあります。）

アウトラインを考えた後、作文の題を決めます。題は大切です。作文の内容を推測（to guess）できる題を考えてください。

・p.32 の作文の題は、a と b のどちらのほうがいいと思いますか。
　　　　a.「習慣の違い」　　　　b.「話すときに相手の目を見るのはなぜか」

・あなたの作文の題を書いてください。
　　→「　　　　　　　　　　　　　　　　　　　　　　　　　　　　　　　」

時間があったら、もっと！ 作文ルール　5. 対比・問題・意見の表現 （p.82）をやってみましょう。

活動 3	作文を書く

作文④ 「私の『普通』とあなたの『普通』」を「普通体」で書きます。「作文ノート」(別冊 p.14)
に書きます。題もよく考えてください。時間がなかったら宿題にします。

● 締切 　　　月　　　日　　　時まで

活動 4	フィードバック

1 作文④「私の『普通』とあなたの『普通』」を返してもらいます。作文チェックの記号を見て、
自分で直してみましょう。終わったら答えを見て、確かめてください。
(書き直し(rewrite)は宿題。書きたい人だけが書き直す。)

2 作文④をペア/グループで交換して読んで、感想(どこがおもしろいか、印象的か、よくわ
からなかったかなど)を話しましょう。
次に、作文の形式を確かめましょう。①「段落、接続語、中心文、支持文」がわかりやすく
書いてありますか。②題がよく考えてありますか。調べてください。

3 今日のおすすめ作文(一番よかった作文)を読みましょう。よかったところをメモして、次
の作文に取り入れてください。

memo	今日のおすすめ作文のよかったところ

第 **5** 課 朝型か、夜型か

深く考え、それを論理的に (logically) 書きます。

活動 **1** | アイディアさがし

「作文を書くとき、意見を考えるのが面倒だ」「何も意見が考えられない」と思う人はいませんか。
この課で練習すれば大丈夫。他の人の意見を聞いたり、一緒に考えたりすれば、きっとあなた
の中からあなたの意見が出てきます。

💬 サク・ブンおしゃべり

サクさんとブンさんの会話をペアで声を出して読んでみましょう。会話の続きを考えて話してください。

サクさんは朝型？ つまり、朝早く起きて、夜早く
寝るタイプですか。

そうですね。朝型かな。
朝、早く起きると気持ちいいですよ。
ブンさんは？

僕は夜型。朝は苦手だな。
起きられないし。
夜になると元気が出るタイプです。

そうなんだ。
ブンさんは朝型の生活と夜型の生活、
どっちがしたい？

うーん、そうだなー、{ 朝型・夜型 } がいいな。
だって、[Your idea]。

38

ペア / グループで話しましょう

1 あなたは朝型（朝早く起きて夜早く寝る）ですか、夜型（朝遅く起きて夜遅く寝る）ですか。

2 朝型がいい理由と夜型がいい理由をたくさん考えて話してください。

朝型がいい理由
体にいい

夜型がいい理由
集中できる

3 それぞれの具体例も考えてみましょう。

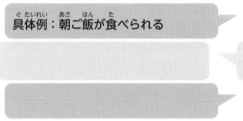

具体例：朝ご飯が食べられる

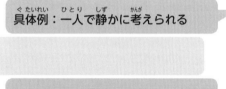

具体例：一人で静かに考えられる

うまく理由が考えられないときは、みんなで考えて書き出してみましょう。
他の人の意見を見ると、自分の意見も出てくるかもしれません。

みんなの意見を表にまとめてみましょう。

朝型がいい理由	具体例	夜型がいい理由	具体例
・社会生活は朝型だ。	・学校や会社は朝8時か9時から始まる。	・友だちと楽しく遊べる。	・夜なら、友だちとお酒を飲んでリラックスして話せる。

4 自分の意見を決めて、その理由を 3 つ話してみましょう。「～からです」を使います。

> 私は　朝型・夜型　のほうがいいと考えます。……からです。……からです。
> ……からです。

5 具体例も考えて話してみましょう。

> 私は　朝型・夜型　のほうがいいと考えます。……からです。　具体例　。
> ……からです。　具体例　。……からです。　具体例　。

6 例のように「自分と反対の意見のいいところ」を 1 つ考えてください。

> 例1　朝型にもいいところがあります。朝、早く起きれば、学校や会社に遅
> 刻しません。

> 例2　夜型にもいいところがあります。友だちとお酒を飲みながらリラック
> スして話すことができます。

7 **6** で書いた「自分と反対の意見に反対」してください

> 例1　朝型にもいいところがあります。朝、早く起きれば、学校や会社に遅
> 刻しません。
> でも、会社に行かないで、うちでコンピュータを使ってする仕事もあ
> ります。朝、起きなくても大丈夫です。みんなと同じ生活をしなくて
> も問題ありません。

> 例2　夜型にもいいところがあります。友だちとお酒を飲みながらリラック
> スして話すことができます。
> でも、お酒を飲みながら話すことは、本当の自分の気持ちと少し違う
> と思います。それにたくさん飲むと、次の日あまりよく覚えていません。
> それは意味のない時間だと思います。

これができると自分の意見のほうが強くなります。
ここはとても難しいところです。 例3 例4 の続きをペアで考えてみましょう。

> 例3 朝型にもいいところがあります。朝ご飯をたくさん食べられて、
> 体にいいです。でも、 ⌈ Your idea ⌉ 。

> 例4 夜型にもいいところがあります。夜は静かで、一人で集中して考
> えることができます。でも、 ⌈ Your idea ⌉ 。

うまく考えられないときは、他の人の ⌈ Your idea ⌉ を聞いてみましょう。

8 最後にもう一度はっきり自分の意見を述べましょう。

ですから、私は___朝型・夜型___のほうがいいと考えます。

作文ルールを学ぼう

ルール 6　意見を論理的に述べる

ここまで考えたことをまとめましょう。わかりやすく論理的に書くためにはどんな順番で、どんな接続語を使うでしょうか。

A まず、自分の意見を書きます。それから、3つの理由を選び、「なぜなら、また、さらに」を使って並べます。それぞれの理由に具体例をつけます。

A	私は＿＿＿＿＿のほうがいいと考える。 なぜなら、＿＿＿理由1＿＿＿からだ。＿＿＿具体例①＿＿＿。 また、＿＿＿理由2＿＿＿からだ。＿＿＿具体例②＿＿＿。 さらに、＿＿＿理由3＿＿＿からだ。＿＿＿具体例③＿＿＿。

私は、朝型の生活のほうがいいと考える。

なぜなら、社会生活は朝型だからだ。学校や会社の始まる時間はたいてい8時か9時なので、朝早く起きなければならない。朝型なら苦労せずに起きられる。

また、体と心のためにもいいからだ。朝食を十分とることができれば、一日元気に過ごせる。昼間、日光を浴びることは心の健康のためにも大切だ。

さらに、時間に余裕できて、あまりストレスを感じないような気がするからだ。朝早くから勉強や仕事をすれば、早く終わる。あとの時間は心配せずに好きなことができる。

おしゃべりしながら

書くことを楽しむ中級作文

【別冊】
作文ノート

	作文①	作文②	作文③	作文④	作文⑤	作文⑥	作文⑦
提出日							
サイン							

番号：[　　　　　　　　　　　]

名前：[　　　　　　　　　　　]

作文チェック記号

記号	記号の意味	直し方	例
＿＿	間違い	正しいものに直す	図書館<u>に</u>勉強する。 で
〜〜〜	話し言葉が使われている	書き言葉、文末に直す	東京には人が<u>いっぱい</u>いる。 たくさん、おおぜい とても大事なこと<u>です</u>。 だ
＝＝	不要（必要ない）	削除する（消す）	私は~~私の~~兄に似ている。
∧	言葉が足りない	言葉を書き足す	大事なこと∧のだ。 な
[ ]	間違いではないが、他の言葉のほうがいい	より適切な（もっといい）言葉に直す	人間が過去から[知る]ことが多い。 学ぶ
○	漢字の間違い	正しい漢字に直す	⬭令⬭の私になった。 今
〜	言葉の順番が違う	正しい順番に変える	ベルが鳴る前に１分。 →ベルが鳴る１分前に、
？	意味がよくわからない	授業のときに先生と話す	
□	段落の初めが一文字あいていない	一文字あけて書く	
⌐_	段落が分かれていない	改行して（次の行）に書く	

（このテキストで勉強する前に）
べんきょう　まえ
ちから　さくぶん
力だめし作文

名前：[--]

★普通体で、5行以上書く。

作文①の評価	1. 内容がおもしろい。よく考えられている。	1・2・3・4・5
	2. 5行以上書かれている。	1・2・3・4・5
	3. 普通体で書かれている。	1・2・3・4・5
	4. 文法や言葉が正しく使われている。	1・2・3・4・5
	計（　　）点／20点＝（　　）%	

名前：[_____]

★普通体で、5行以上書く。

★「おすすめのランチ」「おすすめの場所」「小確幸」から題を選ぶ。

★普通体で書くこと。1行目に題、2行目に氏名を書く。本文を7行以上書く。

題	
	名前

作文②の評価	1.	説明と理由がわかりやすく書かれている。	1・2・3・4・5
	2.	本文が7行以上書かれている。	1・2・3・4・5
	3.	普通体で書かれている。	1・2・3・4・5
	4.	文法や言葉が正しく使われている。	1・2・3・4・5
		計（　　　）点／20点 ＝（　　　）%	

書き直し rewrite

第2課 作文② 「私のおすすめ」

★「おすすめのランチ」「おすすめの場所」「小確幸」から題を選ぶ。

★普通体で書くこと。1行目に題、2行目に氏名を書く。本文を7行以上書く。

題	
	名前

作文③の評価	1.	中心文がはっきり書かれている。	1・2・3・4・5
	2.	順番を表す接続語や指示語が使われていて、わかりやすい。	1・2・3・4・5
	3.	本文が15行（300字）以上書かれている。	1・2・3・4・5
	4.	普通体で書かれている。	1・2・3・4・5
	5.	文法や言葉が正しく使われている。	1・2・3・4・5
		計（　　）点／25点＝（　　）%	

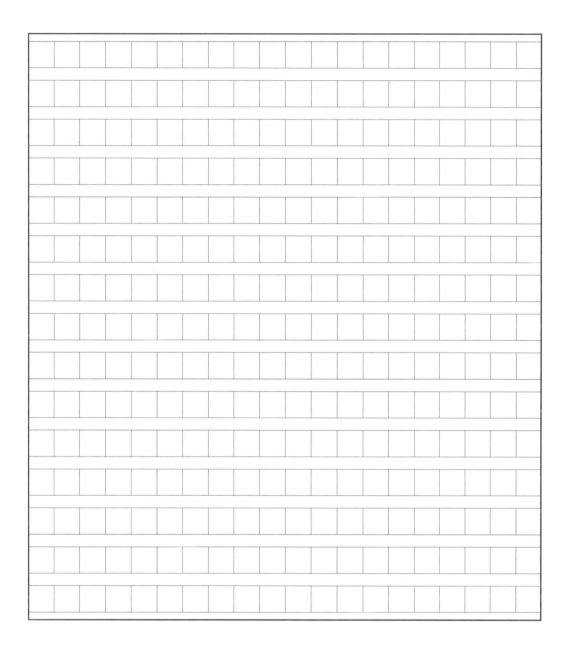

（原稿用紙）

	1. 構成（アウトライン）がわかりやすい。	1・2・3・4・5
	2. 段落に分けて書かれている。中心文、支持文がわかりやすい。	1・2・3・4・5
作文④の評価	3. 接続語・指示語・対比・問題点・意見の表現が上手に使われている。	1・2・3・4・5
	4. 本文が15行（300字）以上書かれている。	1・2・3・4・5
	5. 普通体で書かれている。	1・2・3・4・5
	6. 文法や言葉が正しく使われている。	1・2・3・4・5
	計（　　）点／30点 ＝（　　）%	

作文⑤の評価	1.	よく考えられた意見が書かれている。	1・2・3・4・5
	2.	中心文・支持文・接続語等を使い、論理的に書かれている。	1・2・3・4・5
	3.	理由の表現が上手に使われている。	1・2・3・4・5
	4.	本文が20行（400字）以上書かれている。	1・2・3・4・5
	5.	普通体で書かれている。	1・2・3・4・5
	6.	文法や言葉が正しく使われている。	1・2・3・4・5
		計（　　）点／30点＝（　　）％	

第 6 課　作文⑥「グラフを読む・グラフを書く」

[練習1：折れ線グラフの説明]

[練習2：円グラフの説明]

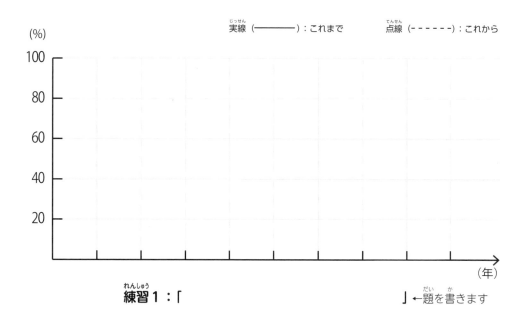

練習1:「　　　　　　　　　　　　　　　　」←題を書きます

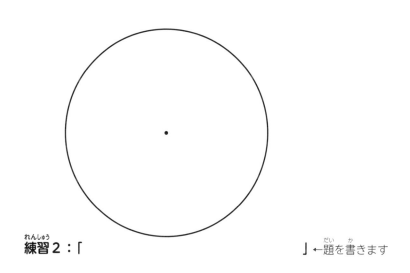

練習2:「　　　　　　　　　　　　　　　　」←題を書きます

作文⑥の評価	1.	よく考えられた内容が書かれている。	1・2・3・4・5
	2.	グラフの表現が正しく使われている。	1・2・3・4・5
	3.	本文がそれぞれ7行以上書かれている。	1・2・3・4・5
	4.	書き言葉 / 普通体で書かれている。	1・2・3・4・5
	5.	文法や言葉が正しく使われている。	1・2・3・4・5
		計 (　　　) 点／25点 = (　　　) %	

（※ 本文用の原稿用紙。マス目のみで記入なし）

	1.	いろいろな意見の表現で、よく考えられた意見が書かれている。	1・2・3・4・5
	2.	道しるべ文、接続語が効果的に使われている。	1・2・3・4・5
作文⑦の評価	3.	グラフの表現が正しく使われている。	1・2・3・4・5
	4.	本文が20行（400字）以上書かれている。	1・2・3・4・5
	5.	書き言葉／普通体で書かれている。	1・2・3・4・5
	6.	文法や言葉が正しく使われている。	1・2・3・4・5
		計（　　）点／30点 ＝（　　）%	

[1…よくない　2…あまりよくない　3…ふつう　4…よい　5…とてもよい]

1.　普通体で書く（「です・ます」体を使わない）	【第1課】	1・2・3・4・5
2.　書き言葉で書く（「でも」「いっぱい」などを使わない）	【第2課】	1・2・3・4・5
3.　原稿用紙の使い方など書式を守って書く	【第3課】	1・2・3・4・5
4.　400字以上書く	【第1〜7課】	1・2・3・4・5
5.　構成（アウトライン）をわかりやすく書く	【第4課】	1・2・3・4・5
6.　段落に分けて書く	【第1〜7課】	1・2・3・4・5
7.　中心文、支持文をわかりやすく書く	【第4課】	1・2・3・4・5
8.　内容がおもしろく、オリジナリティがある	【第1〜7課】	1・2・3・4・5
9.　よく考えられた意見を書く	【第5課】	1・2・3・4・5
10.　いろいろな意見の表現を使う	【第7課】	1・2・3・4・5
11.　理由をわかりやすく書く	【第1〜7課】	1・2・3・4・5
12.　理由の表現を正しく使う	【第1〜7課】	1・2・3・4・5
13.　説明をわかりやすく書く	【第1〜7課】	1・2・3・4・5
14.　「道しるべ文」を使って書く	【第7課】	1・2・3・4・5
15.　グラフの表現を正しく使う	【第6課】	1・2・3・4・5
16.　順番を表す接続語を使う	【第3課】	1・2・3・4・5
17.　対比の接続語を使う	【第4課】	1・2・3・4・5
18.　問題を問いかける表現を使う	【第4課】	1・2・3・4・5
19.　指示語を正しく使う	【第3課】	1・2・3・4・5
20.　文法や言葉を正しく使う	【第1〜7課】	1・2・3・4・5

計（　　　　）点／100点

B 続けて、自分と反対の意見である「夜型の生活のよさ」について考え、「確かに〜」を使って書きます。その後で、「しかし〜」を使って「自分と反対の意見に反対」します。それができると、自分の意見が強くなります。

B 確かに、＿＿＿＿＿ 自分と反対の意見のいいところ ＿＿＿＿＿。しかし、
＿＿＿＿＿ 自分と反対の意見に反対する ＿＿＿＿＿。

確かに、夜型の生活にもいい点がある。夜は一人で誰にも邪魔されずに、集中することができる。友だちと遊ぶのも夜のほうが楽しい。しかし、夜遅くまで起きていると「体内時計（biological clock）」が壊れてしまう。そうすると、集中することも友だちと遊ぶことも難しくなる。私は健康な心と体でたくさん勉強し、いろいろな経験をして自分の可能性を広げたいと思う。

C 最後に自分の意見をもう一度はっきり書きます。

C 以上のことから、私は＿＿＿＿＿ 自分の意見 ＿＿＿＿＿と考える。

以上のことから、私は朝型の生活をしたいと考える。

A〜**C**をつなげると、論理的でわかりやすい作文を書くことができます。

43

アウトラインを使いましょう

1 p.39 のあなたの意見を書きましょう。キーワードを書いてください。普通体で書きます。

A 私は＿＿＿［　朝型　・　夜型　］＿＿＿の生活のほうがいいと考える。

　なぜなら、 理由1 ＿＿＿＿＿＿＿＿＿＿＿＿＿＿＿＿＿＿＿からだ。

　具体例① --。

　また、 理由2 ＿＿＿＿＿＿＿＿＿＿＿＿＿＿＿＿＿＿＿からだ。

　具体例② --。

　さらに、 理由3 ＿＿＿＿＿＿＿＿＿＿＿＿＿＿＿＿＿＿からだ。

　具体例③ --。

B 確かに、＿＿＿［　朝型　・　夜型　］＿＿＿の生活にもいいところがある。

　　自分と反対の意見のいいところ ＿＿＿＿＿＿＿＿＿＿＿＿＿＿＿＿

　＿＿＿＿＿＿＿＿＿＿＿＿＿＿＿＿＿＿＿＿＿＿＿＿＿＿＿＿＿＿＿。

　しかし、 自分と反対の意見に反対する ＿＿＿＿＿＿＿＿＿＿＿＿＿＿

　＿＿＿＿＿＿＿＿＿＿＿＿＿＿＿＿＿＿＿＿＿＿＿＿＿＿＿＿＿＿＿。

C 以上のことから、私は 自分の意見 ＿＿＿＿＿＿＿＿＿＿＿＿＿と考える。

2 書けたらペア / グループの人に話してみましょう。「です・ます体」で話します。

> このアウトラインを使うと、いろいろなテーマでわかりやすく論理的に書くことが
> できます。

3 時間があったら、違うテーマについて考えて書く練習をしましょう。

1. テーマは「現実の店がいいか、ネットショップがいいか」です。「朝型か夜型か」と同じように できるだけ多くの理由や具体例を考えてください。

うまく理由が考えられないときは、みんなで考えて書き出してみましょう。
みんなの意見を表にまとめてみましょう。

現実の店がいい理由	具体例	ネットショップがいい理由	具体例
・買う前に品物をきちんと確認できる	・服を買うとき、店で本当の色を確かめることができた。	・家で買い物ができる。	・いそがしくて外に出られないとき、ネットで食料品を買った。

2. あなたの意見を書きましょう。キーワードを書いてください。普通体で書きます。

A 私は ____[現実の店 ・ ネットショップ]____ のほうがいいと考える。

なぜなら、[理由1]_____からだ。

[具体例①]- 。

また、[理由2]_____からだ。

[具体例②]- 。

さらに、[理由3]_____からだ。

[具体例③]- 。

B 確かに、[現実の店 ・ ネットショップ] にもいいところがある。

[自分と反対の意見のいいところ]_____

_____。

しかし、[自分と反対の意見に反対する]_____

_____。

C 以上のことから、私は [自分の意見]_____と考える。

---

3. 書けたらペア / グループの人に話してみましょう。「です・ます体」で話します。

個人的な過去の体験は過去形（タ形）で書き、一般的なことは現在形（ル形）で書きます。

例　【個人的】熱があって出かけられないときにネットショップでいろいろなものを買う
　　　　　ことができた。

　　　　【一般的】ネットショップなら、だれでも店に行かずにいろいろなものを買うことが
　　　　　できる。

46

活動	**3**	作文を書く

作文⑤「朝型か、夜型か」または「現実の店がいいか、ネットショップがいいか」のどちらかを選び、**A**～**C**をそれぞれ 1 つの段落として書きます。400 字より多くなってしまう場合は、**A**の理由を 1 つか 2 つにして書きます。文末は普通体にし、「作文ノート」（別冊 p.18）に書きます。時間がなかったら宿題にします。

● 締切　　　　月　　　日　　　時まで

作文ルール　4. 接続語を使う（p.27）、もっと！作文ルール　3. 順接と逆接の接続語（p.80）、
もっと！作文ルール　4. 指示語を使う（p.81）、もっと！作文ルール　5. 対比・問題・意見の表現
（p.82）を取り入れて書いてみましょう。

1 作文⑤「朝型か、夜型か」または「現実の店がいいか、ネットショップがいいか」を返して

もらいます。作文チェックの記号を見て、自分で直してみましょう。終わったら答えを見て、

確かめてください。

（書き直し（rewrite）は宿題。書きたい人だけが書き直す。）

2 作文⑤をペア／グループで交換して読んで、感想（どこがおもしろいか、印象的か、よくわ

からなかったかなど）を話しましょう。

次に、作文の形式を確かめましょう。①３つの段落がありますか。②接続語が正しく使われ

ていますか。③理由の文の最後に「〜からだ」と書いてありますか。調べてください。

★マーカーで線を引いてみると、わかりやすいです。

3 今日のおすすめ作文（一番よかった作文）を読みましょう。よかったところをメモして、次

の作文のときに注意して書いてください。

memo	今日のおすすめ作文のよかったところ

第6課 グラフを読む・グラフを書く

日本語でグラフを説明する基本的な練習をします。

活動 1 | アイディアさがし

「グラフは難しそう」「よくわからなくてきらい」と思っていませんか。ここでは自分のことをグラフにして練習しましょう。基本的なことがわかれば、そんなに難しくないし、ちょっとおもしろいですよ。

💬 サク・ブンおしゃべり

p.50 のグラフを見ながらサクさんとブンさんの会話をペアで声を出して読んでみましょう。会話の続きを考えて話してください。

サクさん、このグラフ、説明できる？

ええっと、何のグラフ？「日本語の力……」？
線が上がったり、下がったりしてるけど……。

「上がっている」のは、
「増える」という意味かな？

「日本語の力」は「増える」って言うの？
変じゃない？
あと、何を話せばいいの？

うーん、そうだね、変だね。
たぶん、　Your idea　って
言うんじゃない？
あとは、何を話せばいいのかな。

そうだね。グラフの説明だから、
たぶん、　Your idea　。

ペア / グループで話しましょう　　　れ線グラフの説明

1 下のグラフを説明してください。どのように話したらいいでしょうか。

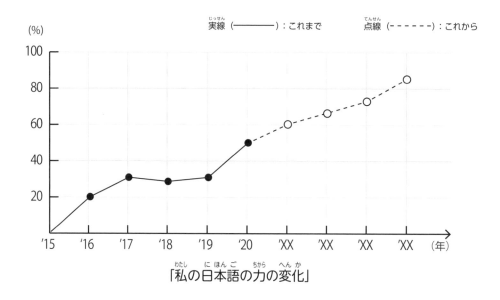

実線（——）：これまで　　点線（- - - - -）：これから

（%）

「私の日本語の力の変化」

2 説明の例を読んでみましょう。グラフをよく見て、□□の言葉の意味を考えながら読んでください。

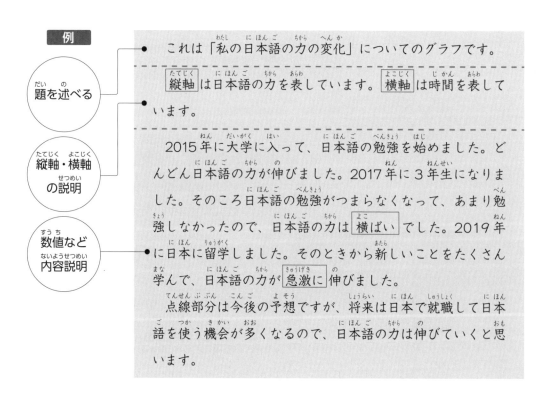

例

題を述べる

縦軸・横軸の説明

数値など
内容説明

これは「私の日本語の力の変化」についてのグラフです。

縦軸は日本語の力を表しています。横軸は時間を表しています。

2015年に大学に入って、日本語の勉強を始めました。どんどん日本語の力が伸びました。2017年に3年生になりました。そのころ日本語の勉強がつまらなくなって、あまり勉強しなかったので、日本語の力は横ばいでした。2019年に日本に留学しました。そのときから新しいことをたくさん学んで、日本語の力が急激に伸びました。

点線部分は今後の予想ですが、将来は日本で就職して日本語を使う機会が多くなるので、日本語の力は伸びていくと思います。

3 例のようにあなたの日本語の力についてグラフを作りましょう。いつから日本語の勉強を始めて、どのぐらい上手になりましたか。これからどうなると思いますか。それを折れ線グラフにしてみましょう。

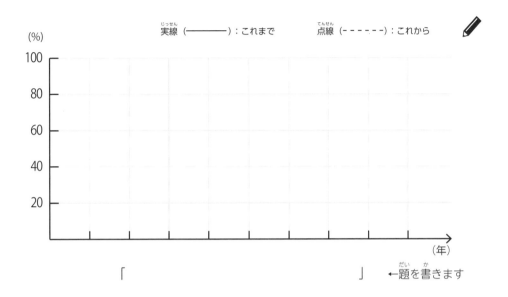

実線（――――）：これまで　　　　点線（－ － － － －）：これから

(%)
100
80
60
40
20

(年)

「　　　　　　　　　　　　　　　　　　　　　」←題を書きます

折れ線グラフを書くとき、グラフの変化がどうして起こったかを考えてみるといいですよ。いつ、どんな出来事があったか、そのときどんな気持ちだったかなど、思い出してみましょう。

アウトラインを使いましょう

グラフを見せながら、説明してみましょう。書かなくていいです。

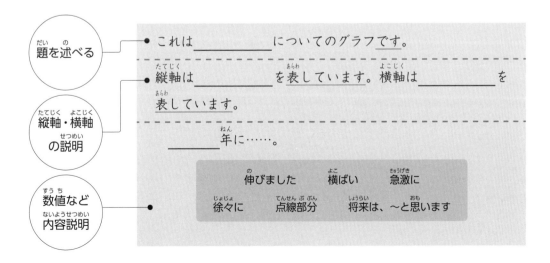

題を述べる
● これは ＿＿＿＿＿＿＿ についてのグラフです。

縦軸・横軸の説明
● 縦軸は ＿＿＿＿＿＿＿ を表しています。横軸は ＿＿＿＿＿＿＿ を表しています。

数値など内容説明
● ＿＿＿＿＿＿ 年に……。

| 伸びました | 横ばい | 急激に |
| 徐々に | 点線部分 | 将来は、～と思います |

ペア / グループで話しましょう　　　　　**円グラフの説明**

1 下のグラフを説明してください。どのように話したらいいでしょうか。

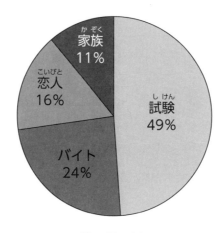

「私の頭の中」

2 説明の例を読んでみましょう。普通体の例です。

例

　これは　<u>私の頭の中</u>を表す円グラフだ。
　最も割合が高いのは試験で、49％を占めている。次に高いのはバイトだ。最近、バイトを変えようかと迷っているからで、24％を占めている。それから、恋人のことをよく考える。これは16％となっている。最も割合が低いのは家族で11％となっている。毎日の生活が忙しいため、遠くに住む家族のことを忘れがちだからだ。

「占めている」は円グラフで、100％の中でどのぐらいの割合かを表すとき使います。大きい割合を表すときに使います。

例　私の1日の生活の中で、最も割合が高いのは勉強で、70％を占めている。
一方、最も少ないのはアルバイトで、10％ぐらいだ。

3 **1** を参考にして、あなたの頭の中を円グラフにしてみましょう。あなたの頭の中にはどんなことがありますか。何がどれくらいありますか。それを円グラフにしてみましょう。

言いたくないことがあったら「秘密」と書いてください。

「 　　　　　　　　　　　　　　　　　　　　　 」 ←題を書きます

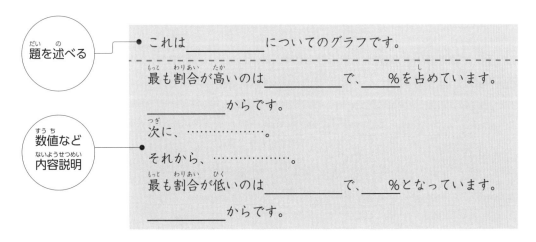

⚙ **アウトラインを使いましょう**

グラフを見せながら、説明してみましょう。書かなくていいです。

（題を述べる）
● これは＿＿＿＿＿＿＿についてのグラフです。

- -

（数値など内容説明）
最も割合が高いのは＿＿＿＿＿＿で、＿＿＿％を占めています。
＿＿＿＿＿＿からです。
次に、……………。
● それから、……………。
最も割合が低いのは＿＿＿＿＿＿で、＿＿＿％となっています。
＿＿＿＿＿＿からです。

ルール 7   グラフを説明する表現（せつめい・ひょうげん）

> グラフの説明（せつめい）に使う（つか）ことばを覚え（おぼ）ましょう。グラフのタイトルや縦軸（たてじく）と横軸（よこじく）の単位（たんい）も忘れ（わす）ずに説明（せつめい）しましょう。変化（へんか）の様子（ようす）は、大きく（おお）変わる（か）ときは「急激に（きゅうげき）/ 急速に（きゅうそく）/ 大幅に（おおはば）」、少し（すこ）変わる（か）ときは「徐々に（じょじょ）/ 次第に（しだい）」、変化（へんか）がないときは「横ばい（よこ）（だ）」と言い（い）ます。

●グラフの説明（せつめい）

> これは…………についての {グラフ / 図（ず）/ 表（ひょう）} だ。
>
> 縦軸（たてじく）/ 横軸（よこじく）は…………を表し（あらわ）ている。

●変化の様子（へんか・ようす）

↗	急激に（きゅうげき）/ 急速に（きゅうそく）/ 大幅に（おおはば）
↘	徐々に（じょじょ）/ 次第に（しだい）
→	横ばい（よこ）（だ）

練習（れんしゅう） 1 → ➡️を見て（み）、文（ぶん）の意味（いみ）を考え（かんが）ながら（　　）に上（うえ）のことばを入れて（い）みましょう。

① ↗ ：学生数（がくせいすう）が（　　　　　　　）増え（ふ）ている。

② ↘ ：学生数（がくせいすう）が（　　　　　　　）減っ（へ）ている。

③ → ：今年（ことし）の学生数（がくせいすう）は去年（きょねん）とほとんど同じ（おな）で、（　　　　　　）だ。

📖 練習問題（れんしゅうもんだい）の解答（かいとう）は p.91 にあります。

●変化の動詞

大きくなる	↔	小さくなる
多くなる	↔	少なくなる
高くなる	↔	低くなる
増える	↔	減る
増加する	↔	減少する
上がる	↔	下がる
上昇する	↔	下降する
（価格が）上昇する	↔	（価格が）下落する

練習 2 ことばを選んで、（　　）に入れてみましょう。

① ［　大きくなる　・　小さくなる　］
近年、日本では農業人口の割合が（　　　　　　）ている。

② ［　多くなる　・　少なくなる　］
不況で仕事が（　　　　　　）だろう。

③ ［　高くなる　・　低くなる　］
日本人学生が減って、留学生の割合が（　　　　　　）た。

④ ［　増える　・　減る　］
AI（人工知能）が発達したら、人間の仕事が（　　　　　）と思う。

⑤ ［　増加する　・　減少する　］
日本では子どもの人口が（　　　　　）ている。

⑥ ［　上がる　・　下がる　］
春になると、気温が（　　　　　　）。

⑦ ［　上昇する　・　下落する　］
石油の生産量が減って、石油の価格が（　　　　　　）た。

練習問題の解答は p.91 にあります。

練習 **3** ＿＿＿を例のように普通体と書き言葉にしてください。

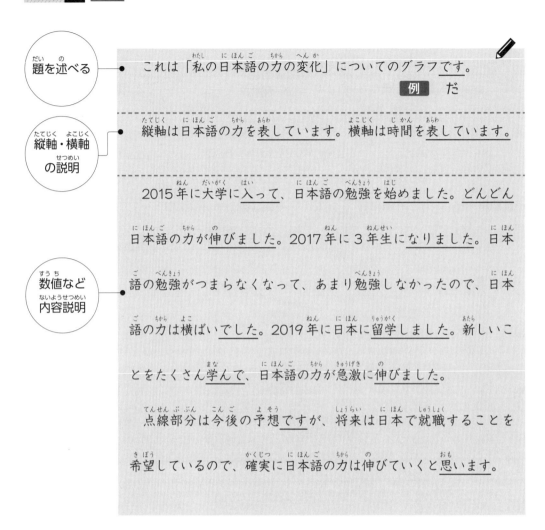

題を述べる → これは「私の日本語の力の変化」についてのグラフです。
例 だ

縦軸・横軸の説明 → 縦軸は日本語の力を<u>表しています</u>。横軸は時間を<u>表しています</u>。

数値など内容説明 →
2015年に大学に<u>入って</u>、日本語の勉強を<u>始めました</u>。どんどん

日本語の力が<u>伸びました</u>。2017年に3年生に<u>なりました</u>。日本

語の勉強がつまらなく<u>なって</u>、あまり<u>勉強しなかったので</u>、日本

語の力は横ばい<u>でした</u>。2019年に日本に<u>留学しました</u>。新しいこ

とをたくさん<u>学んで</u>、日本語の力が急激に<u>伸びました</u>。

点線部分は今後の予想ですが、将来は日本で就職することを

<u>希望しているので</u>、確実に日本語の力は伸びていくと<u>思います</u>。

練習問題の解答は p.91 にあります。

どんなデータにどんなグラフが合うでしょうか。いろいろなグラフがありますよ。

折れ線グラフ……量が増えているか減っているか、変化を見る
棒グラフ…………棒の高さで量の大小を比べる
円グラフ…………全体の中でどのぐらいの割合かを表す

●折れ線グラフの例

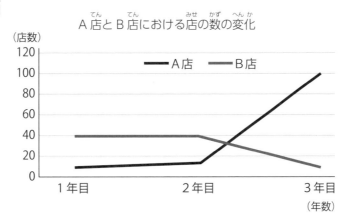

A店とB店における店の数の変化

●棒グラフの例

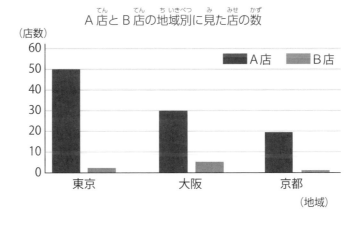

A店とB店の地域別に見た店の数

●円グラフの例

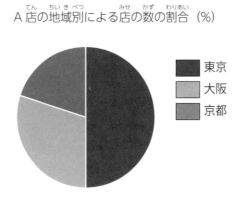

A店の地域別による店の数の割合（％）

活動 <ruby>活<rt>かつ</rt></ruby><ruby>動<rt>どう</rt></ruby> **3**	**<ruby>作<rt>さく</rt></ruby><ruby>文<rt>ぶん</rt></ruby>を<ruby>書<rt>か</rt></ruby>く**

<ruby>作<rt>さく</rt></ruby><ruby>文<rt>ぶん</rt></ruby>⑥ 「グラフを<ruby>読<rt>よ</rt></ruby>む・グラフを<ruby>書<rt>か</rt></ruby>く」を「<ruby>普<rt>ふ</rt></ruby><ruby>通<rt>つう</rt></ruby><ruby>体<rt>たい</rt></ruby>」で<ruby>書<rt>か</rt></ruby>きます。「<ruby>作<rt>さく</rt></ruby><ruby>文<rt>ぶん</rt></ruby>ノート」（<ruby>別<rt>べっ</rt></ruby><ruby>冊<rt>さつ</rt></ruby> p.22）
に<ruby>書<rt>か</rt></ruby>きます。<ruby>時<rt>じ</rt></ruby><ruby>間<rt>かん</rt></ruby>がなかったら<ruby>宿<rt>しゅく</rt></ruby><ruby>題<rt>だい</rt></ruby>にします。
★ p.51、p.53 の<ruby>自<rt>じ</rt></ruby><ruby>分<rt>ぶん</rt></ruby>のグラフの<ruby>説<rt>せつ</rt></ruby><ruby>明<rt>めい</rt></ruby>を「<ruby>普<rt>ふ</rt></ruby><ruby>通<rt>つう</rt></ruby><ruby>体<rt>たい</rt></ruby>」で<ruby>書<rt>か</rt></ruby>きます。
★<ruby>折<rt>お</rt></ruby>れ<ruby>線<rt>せん</rt></ruby>グラフと<ruby>円<rt>えん</rt></ruby>グラフの 2 つを<ruby>書<rt>か</rt></ruby>きます。
★できるだけ<ruby>指<rt>し</rt></ruby><ruby>示<rt>じ</rt></ruby><ruby>語<rt>ご</rt></ruby>を<ruby>使<rt>つか</rt></ruby>ってみましょう。

● **<ruby>締<rt>しめ</rt></ruby><ruby>切<rt>きり</rt></ruby>**　　　　　**<ruby>月<rt></rt></ruby>**　　　　**<ruby>日<rt></rt></ruby>**　　　　**<ruby>時<rt></rt></ruby>まで**

活動 <ruby>活<rt>かつ</rt></ruby><ruby>動<rt>どう</rt></ruby> **4**	**フィードバック**

1 <ruby>作<rt>さく</rt></ruby><ruby>文<rt>ぶん</rt></ruby>⑥「グラフを<ruby>読<rt>よ</rt></ruby>む・グラフを<ruby>書<rt>か</rt></ruby>く」を<ruby>返<rt>かえ</rt></ruby>してもらいます。<ruby>作<rt>さく</rt></ruby><ruby>文<rt>ぶん</rt></ruby>チェックの<ruby>記<rt>き</rt></ruby><ruby>号<rt>ごう</rt></ruby>を<ruby>見<rt>み</rt></ruby>て、
<ruby>自<rt>じ</rt></ruby><ruby>分<rt>ぶん</rt></ruby>で<ruby>直<rt>なお</rt></ruby>してみましょう。<ruby>終<rt>お</rt></ruby>わったら<ruby>答<rt>こた</rt></ruby>えを<ruby>見<rt>み</rt></ruby>て、<ruby>確<rt>たし</rt></ruby>かめてください。

2 <ruby>作<rt>さく</rt></ruby><ruby>文<rt>ぶん</rt></ruby>⑥をペア / グループで<ruby>交<rt>こう</rt></ruby><ruby>換<rt>かん</rt></ruby>して<ruby>読<rt>よ</rt></ruby>んで、<ruby>感<rt>かん</rt></ruby><ruby>想<rt>そう</rt></ruby>（どこがおもしろいか、<ruby>印<rt>いん</rt></ruby><ruby>象<rt>しょう</rt></ruby><ruby>的<rt>てき</rt></ruby>か、よくわ
からなかったかなど）を<ruby>話<rt>はな</rt></ruby>しましょう。
<ruby>次<rt>つぎ</rt></ruby>に、グラフの<ruby>表<rt>ひょう</rt></ruby><ruby>現<rt>げん</rt></ruby>を<ruby>確<rt>たし</rt></ruby>かめましょう。マーカーで<ruby>線<rt>せん</rt></ruby>を<ruby>引<rt>ひ</rt></ruby>いて、<ruby>調<rt>しら</rt></ruby>べてください。

3 <ruby>今<rt>きょう</rt></ruby><ruby>日<rt></rt></ruby>のおすすめ<ruby>作<rt>さく</rt></ruby><ruby>文<rt>ぶん</rt></ruby>（<ruby>一<rt>いち</rt></ruby><ruby>番<rt>ばん</rt></ruby>よかった<ruby>作<rt>さく</rt></ruby><ruby>文<rt>ぶん</rt></ruby>）を<ruby>読<rt>よ</rt></ruby>みましょう。よかったところをメモして、<ruby>次<rt>つぎ</rt></ruby>
の<ruby>自<rt>じ</rt></ruby><ruby>分<rt>ぶん</rt></ruby>の<ruby>作<rt>さく</rt></ruby><ruby>文<rt>ぶん</rt></ruby>に<ruby>取<rt>と</rt></ruby>り<ruby>入<rt>い</rt></ruby>れてください。

---

memo　<ruby>今<rt>きょう</rt></ruby><ruby>日<rt></rt></ruby>のおすすめ<ruby>作<rt>さく</rt></ruby><ruby>文<rt>ぶん</rt></ruby>のよかったところ

第 **7** 課　グラフを読む・意見を述べる

もっと難しいグラフの説明をやってみます。

活動 **1**　アイディアさがし

グラフはこわくなくなりましたか。今度はもっと複雑なグラフに挑戦しましょう。

どうして増えたのか、減ったのか、よく考えてください。

あなたが知っている世界のニュースや歴史、経済、社会のこともいっしょに考えると、きっと
おもしろいアイディアが出てきますよ。

💬 サク・ブンおしゃべり

p.60 **A** のグラフを見ながらサクさんとブンさんの会話をペアで<u>声を出して</u>読んでみましょう。会話の続き
を考えて話してください。

> ええっと、これは「日本人の海外留学状況」
> のグラフだって。

> 留学する人がすごく増えたんだね。
> でも、ここだけ減ってる。
> どうしてだろう。

> このとき、世界でどんなニュースがあったかな。
> あっ！ | Your idea | 。

ペア / グループで話しましょう

A B のグラフから 1 つを選び、「このグラフからわかるおもしろいこと」と「自分で考えた理由」を話しましょう。どんなことでもいいです。どんどん自由に話してください。

A 日本人の海外留学状況

2001年から2002年に注目！

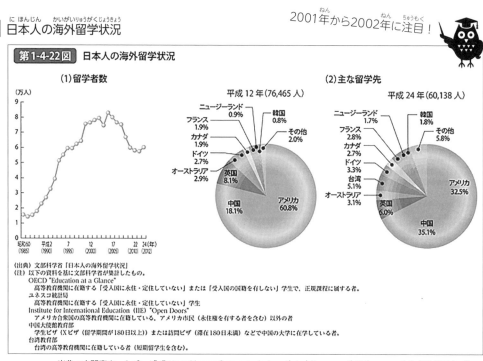

出典：内閣府ホームページ (https://www8.cao.go.jp/youth/whitepaper/h27honpen/b1_04_04.html)

B 世界の人口・日本の人口

1950年ごろに注目！

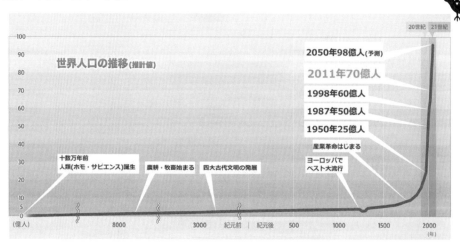

出典：国連人口基金東京事務所ホームページ「世界人口の推移グラフ（日本語）」

図 1 世界人口の推移と予測

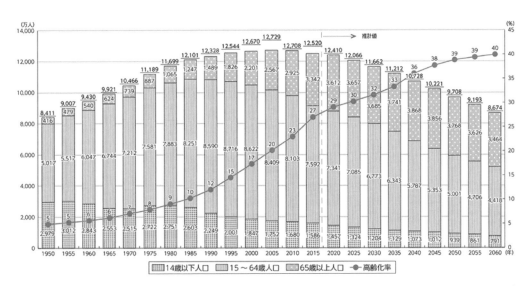

出典：総務省ホームページ（https://www.soumu.go.jp/johotsusintokei/whitepaper/ja/h28/html/nc111110.html）

図2　日本の人口の推移

【ことば】 人口　推移　人類　誕生　農耕　牧畜　四大文明　発展
大流行　産業革命　予測　我が国　高齢化率

●あなたが選んだグラフ（ A / B ）

このグラフからわかるおもしろいこと

自分で考えた理由

「おもしろいことがない！」「理由がわからない……」と思ったら、考えたことをみんなで話し合ってみましょう。きっとヒントがもらえますよ。

アウトラインを使いましょう

1 第6課で勉強したことを思い出して、グラフの説明をしてみましょう。

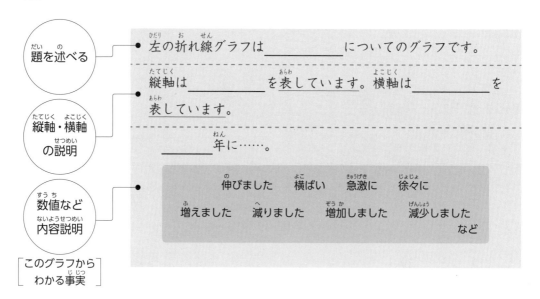

題を述べる ─── 左の折れ線グラフは＿＿＿＿＿についてのグラフです。

縦軸・横軸
の説明 ─── 縦軸は＿＿＿＿＿を表しています。横軸は＿＿＿＿＿を表しています。

＿＿＿＿年に……。

数値など
内容説明 ─── 伸びました　横ばい　急激に　徐々に
増えました　減りました　増加しました　減少しました
など

[このグラフから
わかる事実]

グラフの情報を全部話すのは大変です。例えば、留学先の国の名前を全部言うのは大変です。
数や割合が大きいものや変化が大きいところを2つか3つ選んで話してください。
また、自分が話したいおもしろいところや特徴的なところを見つけて話しましょう。

2 続けて、p.61で考えた自分の意見を話しましょう。

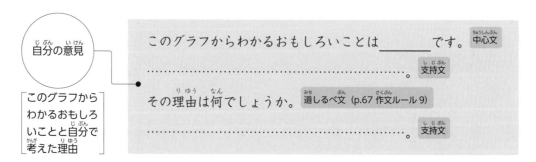

自分の意見 ─── このグラフからわかるおもしろいことは＿＿＿＿です。 中心文

………………………………。 支持文

[このグラフから
わかるおもしろ
いことと自分で
考えた理由] ─── その理由は何でしょうか。 道しるべ文 (p.67 作文ルール9)

………………………………。 支持文

3 ここまで話したことを使って作文のためのアウトラインを作りましょう。キーワードを書いてください。題も考えてください。普通体で書きます。

題 _____　　　名前 _____

第1段落　【題を述べる】【数値の説明】　（作文ルール7（p.54）を使う）:

第2段落　【内容説明】このグラフからわかる事実：2つか3つ　（作文ルール7（p.54）を使う）:

1)

2)

3)

第3段落　【自分の意見】このグラフからわかるおもしろいこととその理由：1つか2つ
（作文ルール8（p.64）を使う）:

1)

2)

4 アウトラインができたらペアで話してみましょう。「です・ます体」で話します。

グラフの表現は合っていますか？
おもしろいこととその理由が「なるほど！」と思えますか？

| 活動 2 | 作文ルールを学ぼう |

ルール 8 意見を表す表現

意見を表すとき、いつも「〜と思う」を使っていませんか。他にもたくさんの表現があります。自分が言いたいことにぴったり合う表現を使ってみましょう。

p.60 **A** のグラフを例にして説明します。まず「日本人の海外留学が減った」理由を考え、次に根拠や主張の強さによって **A**〜**D** を選び、そして文を作ります。サクさんとブンさんの作った文を見てみましょう。

●考えた理由

少子高齢化

日本の経済状況が悪くなって留学費用がない

日本国内の大学で勉強できる

日本の学生は外国に興味がない

●意見の説明

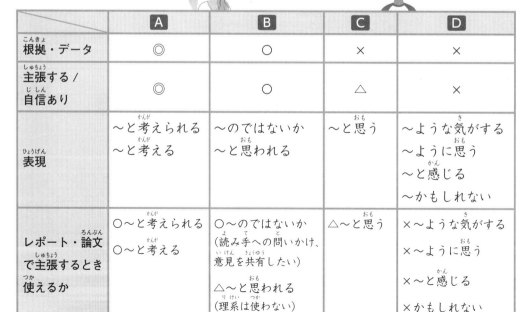

	A	B	C	D
根拠・データ	◎	○	×	×
主張する / 自信あり	◎	○	△	×
表現	〜と考えられる 〜と考える	〜のではないか 〜と思われる	〜と思う	〜ような気がする 〜ように思う 〜と感じる 〜かもしれない
レポート・論文で主張するとき使えるか	○〜と考えられる ○〜と考える	○〜のではないか （読み手への問いかけ、意見を共有したい） △〜と思われる （理系は使わない）	△〜と思う	×〜ような気がする ×〜ように思う ×〜と感じる ×〜かもしれない

●作った文

A
少子高齢化で若者の数が減ったためだと考えられる。

根拠があるし、とても強く主張したい。レポートにも使える!!

B
日本の経済状況が悪くなって、留学費用がないのではないか。

根拠があるし、相手にもそう思ってほしい。

C
日本国内の大学で勉強できるからだと思う。

根拠はないけど、たぶん、そうでしょう。自信はあんまりないなあ…

D
日本の学生は外国に興味がないような気がする。

根拠も自信もないけど、なんとなくそう思う。

根拠とは、なぜそう思うかについて理由となることで、確かなデータや論理があることです。文末表現で筆者の態度（根拠があって強く主張するのか、なんとなく思っただけなのかなど）がわかります。おもしろいですね。いろいろ使ってみてください。

①②の各文に続く(A)～(C)の文について、下線の言葉を使う理由をa～hから選んで（　　）に書いてください。答えは1つとは限りません。

> a．根拠がある　　　　　　　b．根拠がない
> c．主張がとても強い　　　　d．主張が強い　　　　e．主張が弱い
> f．相手に問いかける
> g．レポートや論文に使う　　h．レポートや論文に使わない

① 最近の調査によると、本が売れなくなったということだ。
(A) 本より買いたい物がたくさんあるから<u>かもしれない</u>。　　　　　（　　　　）
(B) 便利な世の中になり、本を読まなくても不便を感じなくなったからだと<u>思われる</u>。
（　　　　）
(C) インターネットの発達で本を読まなくても情報が手に入るようになったためだ<u>と考えられる</u>。　　　　　（　　　　）

② 留学中は自分で考えたり行動したりすることが多くなる。
(A) したがって、留学によって自立心を育てることができる<u>と考える</u>。（　　　　）
(B) だから、留学したい人は今の自分の生活を見直してみたほうがいい<u>のではないか</u>。
（　　　　）
(C) そのため、生活でも勉強でもやる気があるかどうかが大切になる<u>と思う</u>。
（　　　　）

練習 **2** p.60～p.61 **B** のグラフを使って、同じように文を作ってみましょう。

> 例1 世界の人口は1950年以降、急激に増えている。第二次世界大戦が終わり、社会が安定した<u>ためだと考えられる</u>。
>
> 例2 日本では老人の人口の割合が高くなっている。そのため、バリアフリーの環境に社会を変えていくことが重要になる<u>と考える</u>。

📖 練習問題の解答は p.91 にあります。

ルール 9	「道しるべ文」を使う

長い作文で「道しるべ文」を使うと、読みやすくなります。
「道しるべ文」は、次にどんなことが出てくるか、読む人に
知らせて、読みやすくします。交通標識のようなものです。

●道しるべ文の例

なぜ〜のだろうか。

このグラフから３つのことがわかる。／このグラフからわかることは次の３つだ。

第一（第二、第三）は〜ことだ。／第一（第二、第三）に〜。

私の意見を２つ書きたい。／私の意見を２つ述べたい。／私は２つの意見がある。

１つは〜。もう１つは〜。

一方、〜。

グラフの作文のどこに使えるか、もう一度確かめましょう。

活動	**3**	作文を書く

作文⑦ グラフ **A** か **B**（p.60〜p.61）のどちらか１つを選び、アウトラインを完成させ
てから作文を書きます。「普通体」で書きます。「作文ノート」（別冊p.24）に書きます。
時間がなかったら宿題にします。

★作文のルールで学んだことを使って書いてみましょう。
★今まで書いた作文を、来週全部持って来てください。作文集を作ります。

● **締切**　　　　月　　　日　　　　時まで

活動	**4**	フィードバック

1 作文⑦「グラフを読む・意見を述べる」を返してもらいます。作文チェックの記号を見て、
自分で直してみましょう。終わったら答えを見て、確かめてください。
（書き直し（rewrite）は宿題。書きたい人だけが書き直す。）

2 作文⑦をペア／グループで交換して読んで、感想（どこがおもしろいか、印象的か、よくわ
からなかったかなど）を話しましょう。あなたの意見と比べてみましょう。
次に、作文の形式と表現を確かめましょう。

　　①３つの段落で書かれていますか。
　　②グラフの表現が使われていますか。
　　③意見の表現が使われていますか。意見の表現にマーカーで線を引いて調べてください。
時間があったら「作文ノート」のチェックリスト（別冊p.28）も使って確かめましょう。

3 今日のおすすめ作文（一番よかった作文）を読みましょう。よかったところをメモして、次
の自分の作文に取り入れてください。

> memo　　今日のおすすめ作文のよかったところ

第 **8** 課 <ruby>第<rt>だい</rt></ruby> <ruby>課<rt>か</rt></ruby>

総まとめ

<ruby>自<rt>じ</rt></ruby><ruby>分<rt>ぶん</rt></ruby>の<ruby>作<rt>さく</rt></ruby><ruby>文<rt>ぶん</rt></ruby><ruby>力<rt>りょく</rt></ruby>の<ruby>変<rt>へん</rt></ruby><ruby>化<rt>か</rt></ruby>を<ruby>確<rt>たし</rt></ruby>かめます。

Ⅰ．<ruby>作<rt>さく</rt></ruby><ruby>文<rt>ぶん</rt></ruby><ruby>集<rt>しゅう</rt></ruby>を<ruby>作<rt>つく</rt></ruby>ろう

Ⅱ．<ruby>復<rt>ふく</rt></ruby><ruby>習<rt>しゅう</rt></ruby>　テスト<ruby>練<rt>れん</rt></ruby><ruby>習<rt>しゅう</rt></ruby>

Ⅲ．「<ruby>力<rt>ちから</rt></ruby>だめし<ruby>作<rt>さく</rt></ruby><ruby>文<rt>ぶん</rt></ruby>（もう<ruby>一<rt>いち</rt></ruby><ruby>度<rt>ど</rt></ruby>）」　<ruby>作<rt>さく</rt></ruby><ruby>文<rt>ぶん</rt></ruby>チェックリスト

●いろいろな<ruby>作<rt>さく</rt></ruby><ruby>文<rt>ぶん</rt></ruby>のテーマ

これまで作文を7つ書きました。<ruby>最<rt>さい</rt></ruby><ruby>初<rt>しょ</rt></ruby>の作文に<ruby>比<rt>くら</rt></ruby>べるとずいぶん<ruby>長<rt>なが</rt></ruby>く書けるようになりましたね。<ruby>最<rt>さい</rt></ruby><ruby>後<rt>ご</rt></ruby>に1つ、<ruby>大<rt>たい</rt></ruby><ruby>切<rt>せつ</rt></ruby>なことがあります。あなたの作文を<ruby>読<rt>よ</rt></ruby>んだ<ruby>人<rt>ひと</rt></ruby>は「わかりやすい」「おもしろい」と<ruby>思<rt>おも</rt></ruby>ってくれるでしょうか。それを<ruby>調<rt>しら</rt></ruby>べるために作文集を作って読んでもらいましょう。

Ⅰ. <ruby>作<rt>さく</rt></ruby><ruby>文<rt>ぶん</rt></ruby><ruby>集<rt>しゅう</rt></ruby>を<ruby>作<rt>つく</rt></ruby>ろう

作文はだれかに読んでもらうことが大切です。その<ruby>理<rt>り</rt></ruby><ruby>由<rt>ゆう</rt></ruby>は<ruby>次<rt>つぎ</rt></ruby>の5つです。

① 作文をたくさん読むと、いろいろな<ruby>考<rt>かんが</rt></ruby>え<ruby>方<rt>かた</rt></ruby>を<ruby>知<rt>し</rt></ruby>ることができる。

② 自分の知らないことばも<ruby>覚<rt>おぼ</rt></ruby>える。

③ <ruby>読<rt>よ</rt></ruby>み<ruby>手<rt>て</rt></ruby>を<ruby>意<rt>い</rt></ruby><ruby>識<rt>しき</rt></ruby>することで、<ruby>理<rt>り</rt></ruby><ruby>解<rt>かい</rt></ruby>しやすい作文が<ruby>書<rt>か</rt></ruby>ける。

④ <ruby>他<rt>ほか</rt></ruby>の人からコメントや<ruby>質<rt>しつ</rt></ruby><ruby>問<rt>もん</rt></ruby>をもらえると、自分の<ruby>足<rt>た</rt></ruby>りないところに<ruby>気<rt>き</rt></ruby>づくことができる。

⑤ 自分の足りないところを<ruby>直<rt>なお</rt></ruby>すことでさらにわかりやすい作文が書ける。

<ruby>全<rt>ぜん</rt></ruby><ruby>員<rt>いん</rt></ruby>の<ruby>作<rt>さく</rt></ruby><ruby>文<rt>ぶん</rt></ruby>を<ruby>集<rt>あつ</rt></ruby>めて、作文集を作りましょう。

1 自分の書いた作文の中から、<ruby>一<rt>いち</rt></ruby><ruby>番<rt>ばん</rt></ruby>よく書けた、おもしろいと<ruby>思<rt>おも</rt></ruby>うものを1つ<ruby>選<rt>えら</rt></ruby>びます。

2 ペア／グループになって、選んだ作文を<ruby>音<rt>おん</rt></ruby><ruby>読<rt>どく</rt></ruby>します。選んだ<ruby>理<rt>り</rt></ruby><ruby>由<rt>ゆう</rt></ruby>も<ruby>話<rt>はな</rt></ruby>します。

3 聞いている人は、その作文の「いいところ」「直したほうがいいところ」についてコメントします。（下のメモを使ってもいいです。）

```
┌─┐                              ╷╷╷╷╷╷╷╷╷╷╷╷╷╷╷╷╷╷
│ ╲  memo    書いた人（        ）   コメントした人（              ）
│
│      ［いいところ］                  ［直したほうがいいところ］
│
│
│
│
│
│
│
│
│
│
│
│
└──────────────────────────────────────────────────────────┘
```

4 コメントについて考えてから、最後に清書します（きれいに書き直します）。

【提出のしかた】

① 手書き ➡ 原稿用紙で出してください。

② キーボード入力 ➡ 電子ファイルで出してください。

> どの作文がいいか決められない人は、p.74の「作文チェックリスト」を使ってみてください。
> 他の人に読んでもらって意見をもらうのもいいですよ。

復習　テスト練習

作文ルールで学んだことを復習します。

練習 1　_____の「話し言葉」を「書き言葉」に直してください。忘れてしまったら、「作文ルール1」(p.6)、「作文ルール2」(p.15)、「もっと作文ルール2」(p.80)を見てください。

私は朝型の生活のほうがいいと<u>思います</u>。<u>だって</u>、学校も会社も朝型だからです。8時か9時に始まるから、朝早く起き<u>なきゃならない</u>です。朝型だったら苦労しないで起きられ<u>ますよ</u>。<u>あと</u>、体<u>とか</u>心<u>とか</u>のためにもいい<u>でしょ</u>。朝ご飯を<u>ちゃんと</u>食べたら、元気に<u>過ごせますね</u>。一番大切なのは、ストレスがないこと<u>じゃないかな</u>。早く<u>起きたら</u>時間が<u>いっぱい</u>あって、楽な気持ちで<u>いられるんじゃないかな</u>。

夜、遊ぶのは<u>やっぱり</u>楽しいです。クラブ<u>とか</u>カラオケ<u>とか</u>、遊ぶところも<u>いっぱいありますね</u>。毎週<u>遊んでる</u>人もいる<u>みたい</u>。でも、夜遅くまで<u>遊んじゃうと</u>、<u>眠い</u>とか、何も<u>考えられない</u>とかして、<u>すごく</u>大変<u>なんじゃないかな</u>。学生だから<u>いっぱい</u>勉強し<u>なきゃいけません</u>。だから、朝型のほうが<u>いいんじゃないか</u>と思います。

練習 **2** _____に正しい接続語を入れてください。下の▇▇から選んでください。
忘れてしまったら、「作文ルール 4」（p.27）を見てください。

それから	最後に	次に	まず
一つは	もう一つは		
第一は	第二は	第三は	
第一に	第二に	第三に	

① 茶道のお茶とお菓子のいただき方を説明する。_____、正座する。_____、
お菓子をいただく。_____、お茶をいただく。_____、お礼を言う。

② 作文が上手になるための条件は三つある。_____、よく考える。_____、
他の人に読んでもらう。_____、たくさん書く。

③ 作文が上手になるための条件は三つある。_____よく考えることだ。
_____他の人に読んでもらうことだ。_____たくさん書くことだ。

④ 「すみません」には二つの意味がある。_____あやまることだ。_____
よびかけることだ。

練習 **3** _____の言葉を書き言葉にしてください。忘れてしまったら「作文ルール 2」
（p.15）、「作文ルール 7」（p.54）を見てください。

① 留学生が どんどん 増えている 。

② 子どもの数が だんだん 減っている 。

③ 石油の生産量が 減って、石油の価格が 上がっている 。

練習問題の解答は p.92 ～ p.93 にあります。

III. 「力だめし作文（もう一度)」

作文の力がどのくらい伸びたか、確かめてみましょう。

1 「力だめし作文」(「作文ノート」別冊 p.3) を読み、p.74 の「作文チェックリスト」を使って確かめます。できなかったところはどのように書けばいいか、もう一度テキストを見て考えてください。

2 同じ題、条件でもう一度書いてみましょう。「作文ノート」(別冊 p.29) に書きます。(20分、辞書なし、400 〜 800 字)

3 書き終わったら①〜③で確かめましょう。

① ペアで交換して読み、「作文チェックリスト」を使って点数をつける。どうしてその点数なのか話し合う。

② 自分の作文を自分で読み、点数をつける。最初に書いた「力だめし作文」と比べてみる。

③ 提出してチェックしてもらう。

第1課から第7課まで勉強したことをチェックしてみましょう。

作文チェックリスト

[1＝よくない　2＝あまりよくない　3＝ふつう　4＝よい　5＝とてもよい]

1.	普通体で書く	【第1課】	1・2・3・4・5
2.	書き言葉で書く	【第2課】	1・2・3・4・5
3.	原稿用紙の使い方など書式を守って書く	【第3課】	1・2・3・4・5
4.	400字以上書く	【第1〜7課】	1・2・3・4・5
5.	構成（アウトライン）をわかりやすく書く	【第4課】	1・2・3・4・5
6.	段落に分けて書く	【第1〜7課】	1・2・3・4・5
7.	中心文、支持文をわかりやすく書く	【第4課】	1・2・3・4・5
8.	内容がおもしろく、オリジナリティがある	【第1〜7課】	1・2・3・4・5
9.	よく考えられた意見を書く	【第5課】	1・2・3・4・5
10.	いろいろな意見の表現を使う	【第7課】	1・2・3・4・5
11.	理由をわかりやすく書く	【第1〜7課】	1・2・3・4・5
12.	理由の表現を正しく使う	【第1〜7課】	1・2・3・4・5
13.	説明をわかりやすく書く	【第1〜7課】	1・2・3・4・5
14.	「道しるべ文」を使って書く	【第7課】	1・2・3・4・5
15.	グラフの表現を正しく使う	【第6課】	1・2・3・4・5
16.	順番を表す接続語を使う	【第3課】	1・2・3・4・5
17.	対比の接続語を使う	【第4課】	1・2・3・4・5
18.	問題を問いかける表現を使う	【第4課】	1・2・3・4・5
19.	指示語を正しく使う	【第3課】	1・2・3・4・5
20.	文法や言葉を正しく使う	【第1〜7課】	1・2・3・4・5

計（　　）点

第1課から第7課までいろいろなテーマで作文を書きましたね。
同じアウトラインで他のテーマでも作文を書いてみるといいですよ。

いろいろな作文のテーマ

第1課　作文①「私を表す漢字」

● 私の大切なもの（今持っているものの中から1つ選んでください。他の人と

違うものを選びましょう。）

● どうしても捨てられないもの　　● はじめて学校に行った日

● 10年後の私　　● 10年後の日本

第2課　作文②「私のおすすめ」

● 最近のおもしろグッズ紹介　　● 就職活動の自己アピール

第3課　作文③「留学の準備」

● 転職の方法　　● 結婚の準備　　● 引っ越しの準備

● 災害への備え（地震、台風、洪水など）

第4課　作文④「習慣の違い」

● 就職活動の違い　　● 国のトップ（大統領や首相など）の決め方の違い

第5課　作文⑤「朝型か、夜型か」

● 給料の高い嫌いな仕事か、給料の安い好きな仕事か

● 大きい車がいいか、小さい車がいいか

● 北の国か、南の国か　　● 多数派か、少数派か　　● 伝統か、革新か

第6課　作文⑥「グラフを読む・グラフを書く」

● 私の生活費　　● 友人数の変化　　● 生まれてからこれまでの私の幸福度

● 自分のスポーツの記録

第7課　作文⑦「グラフを読む・意見を述べる」

● 食糧の自給率の変化　　● 緑地面積の変化　　● 就職人気ランキング

● 大学進学率（都道府県別、国別、男女別など）　　● 世界の所得分配率

● 世界の青年の自己肯定感比較

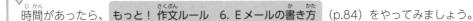

時間があったら、もっと！作文ルール　6. Eメールの書き方（p.84）をやってみましょう。

終わったー！　前より上手になった気がする！

うん、長い作文が書けるようになって、
自分でもちょっとびっくりした。
たくさん話して楽しかったし、作文、嫌いじゃないかも。

そうだね。おしゃべりしながら作文を書くのは楽しいね。
書きたいことが出てくるし、そうすれば、作文は大丈夫！

もっと！

作文ルール
さくぶん

日本語を書いたり話したりするとき、いろいろな文体を使っています。「である体」は「だ体」よりも硬い文体で、論文や専門のレポートなどで使います。しかし、話すときは「です・ます体」になります。例えば、専門について発表するときは「です・ます体」、同じ内容をレポートや論文に書くときは「である体」を使います。

このテキストのテーマは自分の身の回りのことが多いので、「だ体」で作文を書きます。

第7課のグラフの説明は「である体」で書いてもいいでしょう。

普通体
- (1) 柔らかい文体「だ体」：【例】SNS で友だちとおしゃべり
- (2) 少し硬い文体「だ体」：【例】作文(身の回りのこと)、新聞や雑誌の記事、レポート
- (3) 最も硬い文体「である体」：【例】公的なレポート、会社の報告、研究論文

	です・ます体	だ体	である体
名詞	仕事です 仕事でした 仕事ではありません 仕事ではありませんでした	仕事だ 仕事だった 仕事ではない 仕事ではなかった	仕事である 仕事であった / 仕事だった 仕事ではない 仕事ではなかった
な形容詞	大切です 大切でした 大切ではありません 大切ではありませんでした	大切だ 大切だった 大切ではない 大切ではなかった	大切である 大切であった / 大切だった 大切ではない 大切ではなかった
い形容詞	大きいです 大きかったです 大きくないです 大きくなかったです	大きい 大きかった 大きくない 大きくなかった	大きい 大きかった 大きくない 大きくなかった
動詞	変わります 変わりました 変わりません 変わりませんでした	変わる 変わった 変わらない 変わらなかった	変わる 変わった 変わらない 変わらなかった
その他	〜でしょう 〜ています	〜だろう 〜ている	〜であろう / 〜だろう 〜ている

■ 文体の違う３つの例を読んでみましょう。

例1 「です・ます体」 スピーチコンテストの発表原稿

これから「私を表す漢字」という題で発表します。

私を表す漢字は「歩」です。私は歩くのが好きです。犬と一緒に散歩するのも好きです。歩くとすっきりするし、いやなことも忘れられるからです。

３年前、私は背中のけがをして入院しました。２か月間、歩けませんでした。その後、歩く練習をして、少しずつ歩けるようになりました。とてもうれしかったです。

今、歩いてどこにでも行けます。走ることも飛ぶこともできませんが、歩くことができます。

それで、「歩」を選びました。

例2 「だ体」 雑誌の記事

私を表す漢字について書いてほしいと依頼され、どんな漢字が私にふさわしいか考えた。

私を表す漢字は「歩」だ。私は歩くのが好きだ。犬と一緒に散歩するのも好きだ。歩くとすっきりするし、いやなことも忘れられるからだ。

３年前、私は背中のけがをして入院した。２か月間、歩けなかった。その後、歩く練習をして、少しずつ歩けるようになった。とてもうれしかった。

今、歩いてどこにでも行ける。走ることも飛ぶこともできないが、歩くことができる。

それで、「歩」を選んだ。

例3 「である体」 報告

最近は様々な漢字アプリが作られ、人々に利用されている。以前は紙の辞書や電子辞書しかなかったが、現在では自分のスマートフォンに漢字アプリをインストールして利用することができる。これらのアプリは使いやすく、便利である。わからない漢字を手書き入力すれば、意味や例文がすぐ調べられる。

ルール 2 話し言葉の縮約形 (contracted forms) と書き言葉の違い

練習 書き言葉を（　　　）に書いてください。

話し言葉	書き言葉	例文（話し言葉）	例文（書き言葉）
てる / でる	ている /　　　でいる	大学に行く人が増えてる。　専門の本を読んでる。	大学に行く人が増え（　　　）。　専門の本を読ん（　　　）。
じゃない	ではない	これは大きな問題じゃない。	これは大きな問題（　　　）。
んだ	のだ	理由ははっきりしているんだ。	理由ははっきりしている（　　　）。
んじゃないか	のではないか	大きな問題なんじゃないか。	大きな問題（　　　）。
ちゃう / じゃう	てしまう /　　でしまう	人口が少なくなったら、　働く人が減っちゃう。	人口が少なくなれば、　働く人が減っ（　　　）。
ちゃ / じゃ	ては / では	変化を止めちゃいけない。	変化を止め（　　　）いけない。
なきゃ	なければ	考え方を変えなきゃならない。	考え方を変え（　　　）ならない。

練習問題の解答は p.93 にあります。

ルール 3 順接と逆接の接続語

接続語を使うと、次にどんな文が続くか予想ができて読みやすくなります。

● 順接（causal transitions）の接続語：「だから」「そのため」「したがって」「それで」など

● 逆接（contrast transitions）の接続語：「しかし」「だが」　　（×「でも」は話し言葉）

【注意！】

「そのため」は原因や理由がはっきりした結果を言うとき使います。「したがって」は論理的に結論を言うとき使います。「それで」は前のことに続けてその後のことを言うとき使います。

例1 昨日台風で町全体が停電になった。<u>そのため</u>、学校が休みになった。

例2 文化庁は日本人の日本語の使い方について調査を行っている。<u>したがって</u>、調査結果を見れば日本語の変化がわかる。

例3 図書館で勉強していて眠くなった。<u>それで</u>、外に出てコーヒーを飲んだ。

ルール 4 指示語を使う

「この本」「その時」「あの人」の「この」「その」「あの」などを指示語と言います。指示語を使うと、同じことばを繰り返さずに書くことができます。

「そ」のつく接続語（その、それ、そこ）は、基本的に、前に書いたことを指すとき使います。

例 去年の春、日本に来た。研究室でこれからいっしょに勉強する学生に挨拶した。その人は２年前からいるそうだ。

練習 （　　　）の中に指示語を入れてください。

去年の春、はじめて日本に来た。（　　　）ときは日本語がぜんぜん話せなくて大変だった。しかし、今は日本語がかなり話せるようになった。そして、日本語で話す友だちもできた。（　　　）友だちは同じ研究室で勉強している。

📖 練習問題の解答は p.93 にあります。

【注意！】
自分に近くて特別な意味があるとき「こ」のつく接続語（この、これ、ここ）を使います。

例 去年の春、日本に来た。初めて研究室で会ったとき、この人だと思った。半年後、その人と結婚した。

81

ルール 5 対比・問題・意見の表現

①対比の表現

(1)	AはXだ。一方、BはYだ。
(2)	AはXだ。それに対して / それに対し、BはYだ。
(3)	AがXのに対して / のに対し、BはYだ。

例1 私の国では相手の目を見て話す。一方、日本では相手の目を見ずに話す人が多い。

例2 私の国では相手の目を見て話すことは大切だ。それに対して、日本ではあまり大切ではない。

例3 私の国では相手の目を見て話さなければ失礼になるのに対して、日本では見ずに話しても失礼にはならない。

②問題を問いかける表現

なぜ / どうして……のだろうか。

例1 なぜ相手の目を見て話すことは大切なのだろうか。

例2 どうして日本では相手の目を見て話さないのだろうか。

例3 私の国では相手の目を見て話す。一方、日本では相手の目を見ずに話す人が多い。 <kbd>対比</kbd>

どうして日本では相手の目を見て話さないのだろうか。 <kbd>問題</kbd>

③意見の表現

(1)	〜(ような)気がする / した 〜(ような)感じがする / した	自分の気持ち
(2)	〜たい / 〜たいと思う 自分の希望	
(3)	〜と思う / 〜と思われる 自分の考え、主観的 (Subjective)	
(4)	〜と考える / 〜と考えられる 自分の考え、論理的 (Logical)	

例1 友だちの目を見て話してはいけない<u>ような気がした</u>。だから、耳のほうを見ながら話した。

例2 友だちともっと目を見て話し<u>たいと思う</u>。

例3 友だちと話すときは目を見て話すとコミュニケーションがよくなる<u>と思う</u>。

例4 日本では相手の目を見ることは失礼なので、コミュニケーションをよくするためには相手の目を見ないで話すことが大切だ<u>と考える</u>。

「意見の表現」は第7課でさらに詳しく勉強します。

83

ルール6 Eメールの書き方

Eメールの基本の書き方を覚えましょう。

①相手の名前

敬称も書きましょう。

様	最も一般的	**例** 川中太郎様
先生	学校の先生	**例** 田山花子先生
御中	会社や団体など	**例** 令和サイエンス御中　令和大学工学部御中

> ビジネスメールでは相手の会社名なども書きます。　**例** 令和サイエンス　川中太郎様

②はじめのあいさつ

例

お世話になっております。	相手がいつも会っている人のとき
ご無沙汰しております。	相手が長い間会っていない人のとき
突然のメールで失礼いたします。	相手が会ったことのない人のとき

③自分の名前を言う

所属（会社名や学校名など）と名前を書きます。

例

令和大学のサク・ブンカクと申します。	所属と名前　相手が知らない人のとき
情報学部3年のサク・ブンカクです。	所属と名前　相手が知っている人のとき
サクです。/サク・ブンカクです。	名前　相手がよく知っている人のとき

④用件

メッセージは「です・ます体」で書きましょう。必要なことだけに伝えて、あまり長く書かないでください。

知らない人や目上の人へのメッセージは、敬語を使って丁寧な表現にしましょう。

⑤おわりのあいさつ

例

よろしくお願いします。 よろしくお願いいたします。	何かを頼むとき
お体大切に。 くれぐれもお体にお気をつけください。	健康のこと
お大事に。	病気の人に
お元気で。	引っ越す人などあまり会わなくなる人に

⑥自分の名前・連絡先など

例 学生から先生へのメール

田山花子先生

いつもお世話になっております。情報学部３年生のサク・ブンカクです。

すみませんが、来週のゼミを休んでもよろしいでしょうか。
実は、国から両親が来るので、空港まで迎えに行かなければなりません。
二人とも日本語がわからず、私がいないと困るだろうと思います。

よろしくお願いいたします。

令和大学　情報学部３年

サク・ブンカク

解答例

第 1 課 「私を表す漢字」

練習 1 ①だった ②ではなかった ③だった ④ではない ⑤高かった ⑥高くなかった ⑦する ⑧した ⑨しなかった ⑩書くだろう ⑪書いている

練習 2 ①だろうか ②だ ③だった ④い ⑤ではなかった ⑥かった ⑦いなかった ⑧だろう

練習 3

私を表す漢字は「歩」（だ）。

私は歩くのが好き（だ）。犬と一緒に散歩するのも好き（だ）。歩くとすっきりするし、いやなことも忘れられるから（だ）。

3年前、私は背中のけがをして入院し（た）。2か月間、歩けな（かった）。その後、歩く練習をして、少しずつ歩けるようにな（った）。とてもうれし（かった）。

今、歩いてどこにでも行け（る）。走ることも飛ぶこともでき（ない）が、歩くことができ（る）。

それで、「歩」を選（んだ）。

第 2 課 「私のおすすめ」

練習 1 ＜省略＞

練習 2

大学生協の調査によると、読書をしない大学生が増えているという。1日の読書時間がゼロの学生が50パーセント以上で、とても／たいへん／非常に多いようだ。おそらく勉強よりアルバイトやサークル活動などで、いそがしいのではないか。それから、スマホで調べたほうが便利だからだろう。調べるときも、いろいろな本を読むよりインターネットで少しだけ調べればいいと思っている人が多いかもしれない。しかし、スマホは持っていても、パソコンは持っていない学生もいるそうだ。

練習 3 この調査では、インターネットにアクセス{して}アンケートに{答え}、辞書で{調べずに}作文を{書き}、別の日に研究室に{行って}インタビューを受けることになっている。

第 3 課 「留学の準備」

練習 1

　　　なぜ原稿用紙の使い方を学ぶのか

　　　　　　　　　　　　サク　ブンカク

　原稿用紙の使い方を知っていれば、コンピューターでタイピング（typing）するのに役立つ。ルールが同じだからだ。

　2017年10月3日の毎朝新聞には、NPOつくばの調査結果として「多くの留学生は日本語で書くことに困難を感じている」とあった。正しい書き方を学ぶ機会が少ないという。

　私はこの課で書き方をよく学びたいと思う。

なぜ原稿用紙の使い方を学ぶのか

原稿用紙の使い方を知っていれば、コンピ

サクブンカク

ユーターでタイピング（typing）するのに役立つ。ルールが同じだからだ。

二〇一七年十月三日の毎朝新聞には、NP〇つくばの調査結果として「多くの留学生は日本語で書くことに困難を感じている」とあった。正しい書き方を学ぶ機会が少ないという。

私はこの課で書き方をよく学びたいと思う。

[原稿用紙の使い方について]

・小さい文字（っ、や等）や長音（ー）は、行の最初に書いてもいいです。

・句点（。）、読点（、）、記号が行の最初に来るときは、前の行の最後のマスに文字といっしょに入れてもいいです。

↓ 横書き

縦書き →

語で書くことに困難を感じている」とあった。
正しい書き方を学ぶ機会が少ないという。
私はこの課で書き方をよく学びたいと思う。

日本語で書くことに困難を感じている」とあった。正しい書き方を学ぶ機会が少ないという。私はこの課で書き方をよく学びたいと思う。

第6課 「グラフを読む・グラフを書く」

練習 1 ①急激に / 急速に / 大幅に　②徐々に / 次第に　③横ばい

練習 2 ①小さくなっ　②少なくなる　③高くなっ　④減る
⑤減少し　⑥上がる　⑦上昇し

練習 3

【題を述べる】	これは「私の日本語の力の変化」についてのグラフだ。
【縦軸・横軸の説明】	縦軸は日本語の力を表し、横軸は時間を表している。 （「～を表している。～を表している。」でもいい。）
【数値など内容説明】	2015年に大学に入り、日本語の勉強を始めた。急速に / 急激に / 大幅に日本語の力が伸びた。2017年に3年生に なった。日本語の勉強がつまらなくなって、あまり勉強し なかったので、日本語の力は横ばいだった。2019年に日本 に留学した。新しいことをたくさん学び、日本語の力が急 激に伸びた。 　点線部分は今後の予想だが、将来は日本で就職すること を希望しているので、確実に日本語の力は伸びていくと思 う / だろう。

第7課 「グラフを読む・意見を述べる」

練習 1 ① (A) b e h　(B) a d　(C) a c g
② (A) a c g　(B) a d f g　(C) b d

練習 2 ＜省略＞

テスト練習解答

練習 1

私は朝型の生活のほうがいいと思います。だって、学校も会社も朝型だから
　　　　　　　　　　　　　　　思う　　なぜなら　　　　　　　　　　　だからだ

です。8時か9時に始まるから、朝早く起きなきゃならないです。朝型だった
　　　　　　　　　　　　　　　　　　　起きなければならない

ら苦労しないで起きられますよ。あと、体とか心とかのためにもいいでしょ。
　苦労せずに　　起きられる　それから/また　や　　など　　　　　いいだろう

朝ご飯をちゃんと食べたら、元気に過ごせますね。一番大切なのは、ストレス
　　　　十分に　食べれば　　　　過ごせる　　　最も

がないことじゃないかな。早く起きたら時間がいっぱいあって、楽な気持ちで
　　　　　ではないか　　　起きれば　　　　たくさんあり

いられるんじゃないかな。
　　　のではないか

夜、遊ぶのはやっぱり楽しいです。クラブとかカラオケとか、遊ぶところも
　　　　　やはり　楽しい　　　　　　　や　　　　　など

いっぱいありますね。毎週遊んでる人もいるみたい。でも、夜遅くまで遊ん
たくさんある　　　　　遊んでいる　　　ようだ　しかし　　　　　遊ん

じゃうと、眠いとか、何も考えられないとかして、すごく大変なんじゃない
でしまうと　眠かったり　考えられなかったりして　とても　大変なのではないか

かな。学生だからいっぱい勉強しなきゃいけません。だから、朝型のほうが
　　　　　　　　たくさん/長時間　勉強しなければいけない

いいんじゃないかと思います。
いいのではないかと思う

練習 2

①茶道のお茶とお菓子のいただき方を説明する。まず、正座する。次に、
お菓子をいただく。それから、お茶をいただく。最後に、お礼を言う。

②作文が上手になるための条件は三つある。第一に、よく考える。第二に、
他の人に読んでもらう。第三に、たくさん書く。

③作文が上手になるための条件は三つある。第一はよく考えることだ。第
二は他の人に読んでもらうことだ。第三はたくさん書くことだ。

④「すみません」には二つの意味がある。一つはあやまることだ。もう一
つはよびかけることだ。

練習 3 ①急激に / 急速に / 大幅に　　増加している

②徐々に / 次第に　　減少している

③減少し　　上昇している

もっと！作文ルール2

練習 ■ 大学に行く人が増え（ている）。

専門の本を読ん（でいる）。

これは大きな問題（ではない）。

理由ははっきりしている（のだ）。

大きな問題（なのではないか）。

人口が少なくなれば、働く人が減っ（てしまう）。

変化を止め（ては）いけない。

考え方を変え（なければ）ならない。

もっと！作文ルール4

練習 ■　（その）とき　　（その）友だち

- アカデミック・ジャパニーズ研究会（2015）『改訂版 大学・大学院留学生の日本語④論文作成編』アルク

- 石黒圭（2005）「序列を表す接続語と順序性の有無」『日本語教育』125, 47-56, 日本語教育学会

- 石黒圭 (2008)『文章は接続詞で決まる』光文社

- 石黒圭編（2014）『日本語教師のための実践・作文指導』くろしお出版

- 石黒圭・筒井千絵（2009）『留学生のためのここが大切 文章表現のルール』スリーエーネットワーク

- 沖森卓也（2016）『文章が変わる接続語の使い方』ベレ出版

- 木戸光子（2007）「作文における『客観的表現』」『筑波大学留学生センター日本語教育論集』22, 1-10, 筑波大学留学生センター

- グループジャマシイ（1998）『日本語文型辞典』くろしお出版

- 佐渡島紗織・吉野亜矢子（2008）『これから研究を書くひとのためのガイドブック』ひつじ書房

- 友松悦子（2008）『小論文への 12 のステップ』スリーエーネットワーク

- 友松悦子・宮本淳・和栗雅子（2010）『新装版 どんなときどう使う 日本語表現文型辞典』アルク

- 二通信子・佐藤不二子 (2003)『改訂版留学生のための論理的な文章の書き方』スリーエーネットワーク

- 二宮理佳（2014）「モチベーションを高めるフィードバックの実際：3 色添削を例に」石黒圭編『日本語教師のための実践・作文指導』187-198, くろしお出版

- 日本語記述文法研究会編（2003）『現代日本語文法 4　第 8 部モダリティ』くろしお出版

- 早川幸子・古本裕子・苗田敏美・松下美知子・岡沢孝雄（2007）「文系学術論文における判断表現の使用実態」『金沢大学留学生センター紀要』10, 11-29, 留学生センター紀要編集委員会

- 村上春樹（1996）『うずまき猫のみつけかた』新潮社

- 森田良行（1989）『基礎日本語辞典』角川書店

あとがき

　本書は、2016年4月から研究生と大学院生を対象とした補講日本語のコースで、中級前半レベルの作文授業を担当した杉浦の自作教材から生まれました。2017年は木戸がその教材を使用して授業を行い、さらに2018年からは2人でそれぞれ1限と3限の作文授業を担当し、教材を改訂しながら使い続けてきました。この度、出版することとなり、本書が日本語で作文を書くことに苦労している中級学習者や先生方の一助となれば幸いです。

　留学生対象の日本語作文の授業というと、「アカデミック」「レポート」「論文」といった授業名のちょっとお堅いイメージのクラスを想像される方も多いことと思います。ところが、本書を使った作文授業は黙々と作文を書くのとはまったく異なるクラスになります。学生たちがペアやグループで話し合ううちに、おしゃべりが止まらなくなることもありますが、そうなればしめたものです。おしゃべりにはたくさんの効果があります。おしゃべりの中で考えを交換し、深め、新たな発見を楽しむ。他者からの質問に答えることで自身の表現を検分し、さらに精度の高い言葉を探す。このようなおしゃべりを通過して生まれてくる作文には、我々教師がよく口にする「考えが浅い、アイディアが通り一遍、何が言いたいのかわからない」というものがありません。

　わいわいがやがやと楽しくも、毎週必ず作文の宿題を出さなければならないという武者修行も課せられます。学期末の最終日は苦しくも楽しい作文の旅の集大成として、辞書なしで授業時間内に作文を書くテストを行い、最後に各自が選んだ自分のベスト作文が載った作文集を1冊もらい、お土産と旅の成長を噛みしめながら作文の旅は終わります。

　最後に、日本語教育に新たな作文教科書を送り出してくださった凡人社に改めてお礼を申し上げます。そして、この教材をともに使いながら作文の旅を歩んでくれた受講者の皆さんと、初級学習の経験から有益なコメントをくれた杉浦主催の勉強会の参加者にも感謝いたします。

2020年8月　杉浦千里　木戸光子

［著者紹介］

杉浦 千里（すぎうら　ちさと）

筑波大学グローバルコミュニケーション教育センター日本語教育
部門非常勤講師
修士（学術）
国際交流基金日本語教育専門家として在韓日本大使館、ブルガリ
ア・ソフィア大学、カザフスタン日本センターでの日本語教育に
従事。2005 年から現職。専門は日本語教育。著書に『わたしの
にほんご　初級から話せるわたしの気持ち・わたしの考え』（く
ろしお出版・共著、2011 年）がある。

木戸 光子（きど　みつこ）

元筑波大学准教授
修士（教育学）
日本と米国の大学で日本語教育に従事し、1996 年から 2022 年 3
月まで筑波大学グローバルコミュニケーション教育センター（旧
留学生センター）に勤務。専門は日本語教育、日本語学（文章論）。
著作に「作文教育における文章論と日本語教育の接点―日本語学
習者が書いた新聞記事要約文の文章構造分析―」（第 11 章担当、
『文法・談話研究と日本語教育の接点』阿部二郎・庵功雄・佐藤
琢三編、くろしお出版、2015 年）がある。

【「教師用手引き」（無料配信）】（2020 年 8 月現在）
http://www.bonjinsha.com/wp/chukyu_sakubun
（凡人社ウェブサイト内特設ページ）

おしゃべりしながら
書くことを楽しむ中級作文

2020 年 8 月 20 日　初版第 1 刷発行
2024 年 5 月 15 日　初版第 5 刷発行

著　　者	杉浦千里，木戸光子	
発　　行	株式会社 凡人社	

〒 102-0093　東京都千代田区平河町 1-3-13
電話 03-3263-3959

イラスト　松永みなみ
本文・カバーデザイン　コミュニケーションアーツ株式会社
印刷・製本　倉敷印刷株式会社

ISBN 978-4-89358-978-1